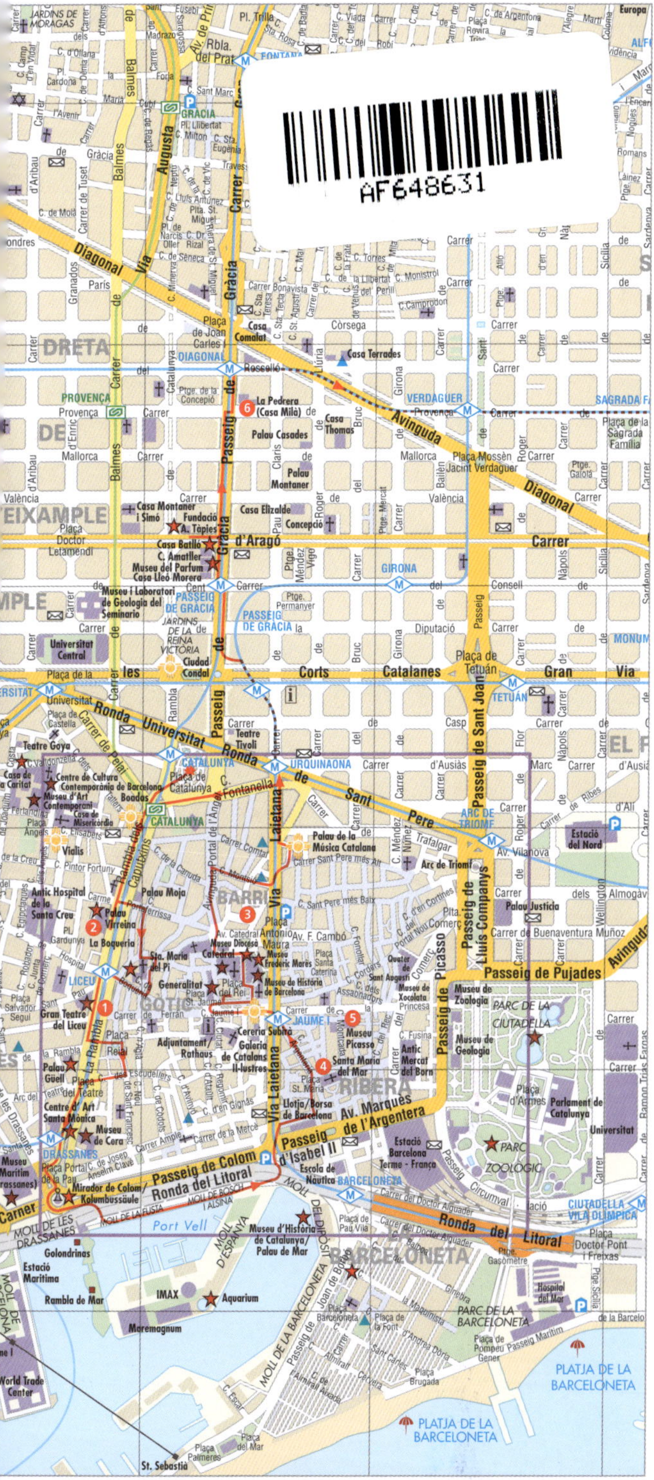

DRETA
DE
EIXAMPLE
Diagonal
Avinguda Diagonal
Passeig de Gràcia
Carrer d'Aragó
Gran Via de les Corts Catalanes
Ronda Universitat
Ronda de Sant Pere
Via Laietana
Passeig de Sant Joan
Passeig de Lluís Companys
Passeig de Pujades
Passeig de Picasso
Passeig de Colom
Ronda del Litoral
Passeig d'Isabel II
Av. Marquès de l'Argentera
La Rambla
Rambla dels Caputxins
Balmes
Augusta
Via Augusta
Casa Comalat
Casa Terrades
La Pedrera (Casa Milà)
Palau Casades
Casa Thomas
Palau Montaner
Casa Elizalde
Concepció
Casa Montaner i Simó
Fundació A. Tàpies
Casa Batlló
C. Amatller
Museu del Parfum
Casa Lleó Morera
Museu i Laboratori de Geologia del Seminario
Universitat Central
Plaça de Catalunya
Teatre Goya
Casa de la Caritat
Centre de Cultura Contemporània de Barcelona
Museu d'Art Contemporani
Casa de Misericòrdia
Palau de la Música Catalana
Arc de Triomf
Palau Justícia
Estació del Nord
BARRI GÒTIC
Palau Moja
Palau Virreina
La Boqueria
Antic Hospital de la Santa Creu
Sta. Maria del Pi
Museu Diocesà
Catedral
Museu Frederic Marès
Museu de Història de Barcelona
Generalitat
Gran Teatre del Liceu
Ajuntament/Rathaus
Galeria de Catalans Il·lustres
Cereria Subirà
Museu Picasso
Santa Maria del Mar
Antic Mercat del Born
Museu de Xocolata
RIBERA
Llotja/Borsa de Barcelona
Palau Güell
Centre d'Art Santa Mònica
Museu de Cera
Museu Marítim (Drassanes)
Mirador de Colom/Kolumbussäule
Estació Barcelona Terme - França
Escola de Nàutica
Museu de Zoologia
Museu de Geologia
PARC DE LA CIUTADELLA
Parlament de Catalunya
Universitat
PARC ZOOLÒGIC
Port Vell
MOLL DE LES DRASSANES
MOLL D'ESPANYA
MOLL DE LA FUSTA
MOLL DE BOSCH I ALSINA
MOLL DEL DIPÒSIT
MOLL DE BARCELONA
MOLL DE LA BARCELONETA
Museu d'Història de Catalunya/Palau de Mar
Golondrinas
Estació Marítima
Rambla de Mar
IMAX
Aquarium
Maremagnum
World Trade Center
St. Sebastià
LA BARCELONETA
Hospital del Mar
PARC DE LA BARCELONETA
PLATJA DE LA BARCELONETA
CIUTADELLA VILA OLÍMPICA
FONTANA
GRÀCIA
DIAGONAL
PROVENÇA
VERDAGUER
SAGRADA FAMÍLIA
Plaça de la Sagrada Família
GIRONA
PASSEIG DE GRÀCIA
UNIVERSITAT
CATALUNYA
URQUINAONA
ARC DE TRIOMF
TETUAN
LICEU
JAUME I
DRASSANES
BARCELONETA

BARCELONA

DIE AUTORIN

Karoline Gimpl bereist seit Jahren Spanien, Portugal und Mexiko als Studienreiseleiterin und arbeitet als freie Autorin. Sie hat Kunstgeschichte in München studiert, ein Auslandsstipendium führte sie nach Madrid. Nach der Promotion arbeitete sie als Redakteurin für eine Reisezeitschrift wiederum in München. Im Vista Point Verlag sind außerdem ihre Reiseführer zu Andalusien und Madrid erschienen.

www.vistapoint.de

Inhalt

Top 10 & Mein Barcelona

Stadttour mit Detailkarte

Streifzüge

Vista Points

Erleben & Genießen

Chronik

Service von A bis Z und Sprachführer

Zeichenerklärung

Top 10
Das müssen Sie gesehen haben

Mein Barcelona
Lieblingsplätze der Autorin

Vista Point
Museen, Galerien, Architektur und andere Sehenswürdigkeiten

Kartensymbol: Verweist auf das entsprechende Planquadrat der ausfaltbaren Karte bzw. der Detailpläne im Buch.

Willkommen in Barcelona

Barcelona gilt als die heimliche Hauptstadt Spaniens, und mit Recht! Die Zwei-Millionen-Metropole, der man ihre Nähe zu Frankreich anmerkt, ist modern, selbstbewusst und weltoffen. Wenn man erfahren will, was »in« ist, dann muss man nach Barcelona. 1992 hat die Stadt international auf sich aufmerksam gemacht mit den bis dahin spektakulärsten Olympischen Spielen. Ein futuristischer weißer Telekommunikationsturm von Santiago Calatrava überragt den Olympiaberg Montjuïc.

Große Architekten reichen sich in Barcelona die Hand: Richard Meier entwarf das Museum für Zeitgenössische Kunst und Jean Nouvel eine gigantische Zigarre mit bunt schillernden Markisen, den Hochhausturm Agbar. Auf der Modemesse Pasarela Gaudí setzen Spaniens flotte Scheren Akzente. Im Altstadtviertel Barri Gòtic beleben Designerläden die historischen

Blick über Barcelona vom viel besuchten Parc Güell

Gebäude. Und immer wieder gehen Gotik und Jugendstil eine reizvolle Verbindung ein.

Antoni Gaudí heißt der Architekt des sogenannten Modernisme, dessen Name und Lebenswerk, die Sühnekirche Sagrada Família, untrennbar mit Barcelona verbunden sind. Fröhliche Farbtupfer streute Joan Miró in die Stadt, der mit seinen kindlichen Bildern unverwechselbar wurde.

Sieben Hügel umrunden die Landeshauptstadt Kataloniens, die sich zum Meer hin öffnet, und bieten immer wieder unvergessliche Ausblicke, etwa auf Eixample, die schachbrettartige Stadterweiterung aus dem 19. Jahrhundert, oder die Rambles, die Flaniermeile und Verbindung zum Meer, auf der sich die Barcelonesen genauso wie Touristen und Künstler drängen. Und in welcher Stadt könnte man wohl sonst einen Einkaufsbummel mit Baden und Strand verbinden? Barcelona steckt in einer mediterranen Haut und spricht alle Sinne an. Benvingut, willkommen in einer magischen Metropole!

Top 10: Das müssen Sie gesehen haben

1 Les Rambles/Las Ramblas
S. 8 ff., 37 ➡ D6–F5

Barcelonas Flaniermeile zum Meer mit Blumen- und Vogelmarkt und kuriosen Straßenkünstlern.

2 La Boqueria
S. 10 f., 39 ➡ E5

Die historische Markthalle bietet Delikatessen aller Art, ein Rausch der Sinne.

3 Barri Gòtic
S. 11 ➡ E5/6

In den engen, verwinkelten Gassen des gotischen Viertels fühlt man sich wie ein Statist in einem Mittelalterfilm.

4 Santa Maria del Mar
S. 13, 39 ➡ F6

Vielleicht ist die »Kathedrale des Meers« Kataloniens schönste gotische Kirche. Ihre zarten Bündelpfeiler und durchdachten Proportionen strahlen Ruhe und Harmonie aus.

5 Museu Picasso
S. 13, 36 ➡ E6

Er war ein Wunderkind, ein Mozart der Malerei: Das Picasso-Museum demonstriert sein großes Können mit Bildern beinahe aller seiner Schaffensperioden.

6 Casa Milà
S. 17, 40 ➡ C6

Wie die Wogen des Meers steigt die gewellte Hausfassade der Casa Milà auf, ein Meisterwerk des Jugendstils von Antoni Gaudí.

7 Sagrada Família
S. 17, 38 ➡ C8

Die Sühnekirche war Gaudís Lebenswerk. Wie Termitenhügel ragen ihre Türme in den Himmel. Die noch unvollendete Kirche wurde 2010 vom Papst geweiht.

8 Museu Nacional d'Art de Catalunya (MNAC)
S. 22, 33 ➡ E2/3

Das Museum für katalanische Kunst überrascht mit romanischen Fresken, die man Anfang des 20. Jahrhunderts von den Kirchenwänden löste und ins Museum brachte.

9 Fundació Joan Miró
S. 22, 30 ➡ E3

Die Stiftung des Malers Joan Miró versetzt in eine kindliche Traumwelt. Auf der schneeweißen Dachterrasse wandeln die Gäste durch einen kleinen Skulpturengarten und schauen beeindruckt auf die Stadt hinunter.

10 Parc Güell
S. 43 ff. ➡ cA/cB2
Gaudí ließ diesen Stadtpark als Handwerkersiedlung anlegen. Eine schier endlos gewundene Schlange, mit Fliesenmosaik dekoriert, dient als Sitzbank und Ort der Kommunikation. Vom Park aus genießt man eine Traumaussicht auf Stadt und Meer.

Mein Barcelona
Lieblingsplätze der Autorin

Liebe Leserinnen und Leser,

an diesen Orten fühle ich mich besonders wohl und kehre immer wieder gerne dorthin zurück. Viel Spaß in Barcelona wünscht Ihnen

Karoline Gimpl

Palau de la Música Catalana
S. 16, 42, 63 ➡ E6
In diesem Konzertsaal, umhüllt von Jugendstildekor, verzaubert jede Musik, die man hört. Ein vorzügliches Konzertprogramm in einem vorzüglichen Rahmen.

Ciudad Condal
S. 53 ➡ D6
Tapas in Hülle und Fülle. Die Qualität ist ausgezeichnet. Ob Gemüse oder Meeresfrüchte, alles wird frisch zubereitet.

Boadas
S. 58 ➡ D5
Im Boadas werden für mich die besten Cocktails gemixt. Seit 1933 hat sich in der kleinen Eckkneipe kaum etwas verändert. Glamour der alten Zeit.

Vialis
S. 66 ➡ E5
Der Schuhladen von Vialis steht für Mode »made in Barcelona«. Ausgefallenes Design, das man in dieser Art nur hier findet.

Cerería Subirà
S. 66 ➡ E6
Alles, was man sich aus Wachs nur vorstellen kann! Moderne Skulpturen, edle Düfte oder einfach nur die Kerze für die Erstkommunion. Seit 1761 wird hier Wachs gezogen. Der Laden selbst wäre die perfekte Filmkulisse.

Ein Rundgang durch Barcelona

Vormittag
Plaça de Catalunya – Markthalle La Boqueria – Carrer Petritxól – Plaça del Pi – Plaça de l'Os – Liceu – Plaça Reial – Mirador de Colom – Moll de la Fusta – Santa Maria del Mar – Plaça de Sant Jaume – Augustustempel – Plaça del Rei – Kathedrale.

Mittag
Els Quatre Gats ➡ E6
Carrer Montsió, 3, Metro L1, L3: Catalunya, Metro L1, L4: Urquinaona
✆ 93 302 41 40, www.4gats.com
Katalanische Küche in Jugendstilambiente.

Nachmittag
Palau de la Música Catalana – Passeig de Gràcia – Casa Amatller – Casa Batlló – Fundació Antoni Tàpies – Casa Milà – Sagrada Família.

❶ **Les Rambles de Barcelona** ➡ D6–F5, Mythos und Traum einer Stadt, Schauplatz bewegter Geschichte und Hauptschlagader lebenssprühender Gegenwart, sind zweifellos der beste Einstieg ins pulsierende Herz der Stadt. Es gibt nur wenige Orte in der Welt, wo sich jeder auf Anhieb derart zu Hause fühlt, Fremde wie Einheimische, Geschäftige wie Müßiggänger, Arme wie Reiche, Kinder wie Alte, brave Bürger wie kleine Betrüger, schicke *Señoritas* ebenso wie Rucksackreisende.

Ursprünglich war die Rambla ein Rinnsal, das nur zur Regenzeit zu einem mächtigen Sturzbach anschwoll. Die Römer nannten das Flussbett

Les Rambles de Barcelona: das pulsierende Herz der katalanischen Metropole

DIAGONAL
Casa Terrades
Carrer del Rosselló
0 250 m
Ptge. de la Concepció
La Pedrera (Casa Milà)
VERDAGUER
Provença
PROVENÇA
Casa Thomas
Palau Casades
Avinguda
Sagrada Família
Mallorca
Palau Montaner
Balmes
d'Enric
València
Casa Montaner i Simó
Fundació A. Tàpies
Casa Elizalde
Concepció
Plaça Doctor Letamendi
Casa Batlló
d'Aragó
Casa Amatller
Museu del Parfum
Casa Lleó Morera
GIRONA
Passeig de Gràcia
Museu i Laboratori de Geologia del Seminario
PASSEIG DE GRÀCIA
Ptge. Permanyer
Diputació
Universitat Central
JARDINS DE LA REINA VICTÒRIA
Ciudad Condal
Corts
Catalanes
Plaça de Tetuán
Plaça de la Universitat
Plaça de Castella
Ronda Universitat
Carrer de Pelai
CATALUNYA
Rambla
Teatre Tívoli
Casp
URQUINAONA
Ronda de Sant Pere
d'Ausiàs
Plaça de Catalunya
Fontanella
Centre de Cultura Contemporània de Barcelona
Boadas
Casa de Misericòrdia
Vialis
Palau de la Música Catalana
Carrer Sant Pere més Alt
Trafalgar
Arc de Triomf
Rambla dels Caputxins
Via Laietana
Avinguda Portal de l'Àngel
Palau Moja
BARRI
Palau Virreina
La Boqueria
C. Sant Pere més Baix
Plaça Antoni Maura
Av. Catedral
Museu Diocesà
Catedral
Museu Frederic Marès
Av. F. Cambó
Plta. Comerç
Sta. Maria del Pi
GÒTIC
Generalitat
Museu de Història de Barcelona
Plaça del Rei
Quater de Sant Agusti
Museu de Xocolata
Princesa
LICEU
Plaça St. Jaume
Gran Teatre del Liceu
Carrer de Ferrán
Taber
JAUME I
Museu Picasso
Plaça Reial
Adjuntament/Rathaus
Cereria Subirà
Galeria de Catalans Il·lustres
Antic Mercat del Born
Mus. de Geologia
Palau Güell
Santa Maria del Mar
RIBERA
Passeig de Picasso
Plaça del Teatre
Centre d'Art Santa Mònica
Museu de Cera
Llotja/Borsa de Barcelona
Av. Marquès de l'Argentera
Estació Barcelona Terme - França
DRASSANES
Passeig de Colom
Passeig d'Isabel II
Escola de Nàutica
BARCELONETA
Mirador de Colom/Kolumbussäule
Ronda del Litoral
MOLL DE BOSCH I ALSINA
MOLL DE LA FUSTA
Carrer del Doctor Aiguader
Port Vell
MOLL D'ESPANYA
Museu d'Història de Catalunya/Palau de Mar
Plaça de Pau Vila
LA BARCELONETA
Golondrinas
Rambla de Mar
IMAX
Aquarium
Passeig de Joan de Borbó

arenno, später wurde es auf den arabischen Namen *rambla* umgetauft. Ab dem 13. Jahrhundert lief hier die zweite Stadtmauer entlang. Unter den Habsburgern im 16. Jahrhundert hatte die Kirche das Sagen und sie bebaute das andere Flussufer mit nicht weniger als acht Klöstern.

Mit der Auflösung der Klöster 1835 und der Schleifung der alten Stadtmauern gewannen die Rambles allmählich ihr heutiges Gesicht. Jetzt entstand Raum für Plätze, Märkte, Theater, Wohn- und Geschäftshäuser. Doch erst der kühle Schatten der mächtigen Platanen verwandelte die Rambles 1859 in die beliebteste Flaniermeile der Stadt. Die breite Promenade zwischen den engen Fahrspuren links und rechts gehört bis heute den Fußgängern, die auf gewelltem Pflastermosaik sanft dem Meer zutreiben.

Ausgangspunkt eines Stadtrundgangs könnte das belebte Café Zürich an der großzügig umgestalteten **Plaça de Catalunya** ➡ D6 sein, deren bunt gemischtes Ambiente auf das gegenüber beginnende Schauspiel der Rambles einstimmt. Ihr oberster Abschnitt, die **Rambla de Canaletes** ➡ D/E6, verdankt ihren Namen einem alten eisernen Brunnen, dessen Wasser Wunder wirken soll. Einstmals, so heißt es, soll es so gut gemundet haben, dass jeder sofort schwor Barcelona nie mehr verlassen zu wollen.

Die **Rambla dels Estudis** ➡ E5 erinnert an die Zeiten, als noch Gelehrte und Studenten die Szene beherrschten. Heute beginnen hier die überquellenden Kioske mit Artikeln für Touristen, die bis spät in die Nacht hinein geöffnet sind. Auf der **Rambla de les Flors** ➡ E5, offiziell Rambla Sant Josep, dominiert der süße Duft von Rosen und Nelken. Hier ist die Heimat der Blumenverkäuferinnen, seit dem 19. Jahrhundert eine feste Institution.

Wenige Meter weiter lädt der Mercat Sant Josep, gemeinhin unter dem Namen ❷ **La Boqueria** ➡ E5 bekannt, zu einem opulenten Fest der Sinne. Unter der imposanten Eisenkonstruktion eröffnet sich ein

Bindeglied zwischen der Altstadt (Barri Gòtic) und der City (Eixample) von Barcelona: die Plaça de Catalunya

Was Katalonien an Köstlichkeiten zu bieten hat, findet man in »La Boqueria«

Tempel der Gaumenfreuden, in dem alle auf ihre Kosten kommen: die Chefköche der Spezialitätenrestaurants, die Feinschmecker auf der Suche nach erlesenen Delikatessen, die Hausfrauen der umliegenden Altstadtviertel, die Bettler an den Eingängen, die Armen, die am Rande in den Abfällen nach Essbarem stochern, und nicht zuletzt die Touristen, die sich an dieser Sinfonie aus Farben, Formen und Gerüchen berauschen.

Ein kurzer Abstecher in die Altstadt führt zurück zur Querstraße Portaferrissa. Von ihr biegt der **Carrer Petritxól** ab, eine der malerischsten Gassen des 3 **Barri Gòtic** ➡ E5/6, des gotischen Viertels. Licht dringt nur wenig in die schmale Häuserschlucht, und die Wände zieren bunte Kacheln, die berühmte Persönlichkeiten dieser Straße verewigen oder witzige Anekdoten erzählen. Die gediegenen Geschäfte sind meist auf wenige Qualitätsprodukte spezialisiert.

Die süße Tradition der katalanischen Küche pflegt man in den *granges.* Im traditionellen »Dulcinea« sitzen seit 180 Jahren alte Damen, Studenten und Mütter mit Schulkindern bei heißer, dickflüssiger Schokolade, in die luftige *ensaïmades,* lockere Hefeteilchen, getaucht werden.

Dann erhebt sich zwischen den Häusern plötzlich der wuchtige Turm der gotischen Kirche **Santa Maria del Pi** ➡ F6. Drei anmutige Plätze, einstmals Pfarrfriedhöfe, umrahmen den mächtigen Wehrbau aus dem 14. Jahrhundert. Ein Denkmal ehrt den lokalen Dichterfürsten Angel Guimerà, der um die Wende zum 20. Jahrhundert bei den Dichterwettbewerben zu siegen pflegte. Im Schatten von Platanen und Orangenbäumchen laden Straßencafés zum Verweilen ein. An den Wochenenden liegt über dieser Zone ein Hauch Montmartre, wenn mehr oder weniger begabte Maler ihre Kunst anbieten und Straßensänger ihre Vorstellung geben.

Rechts über den Carrer de Boqueria zurück auf der Rambla, öffnet sich das schattige Platanendach für die **Plaça de l'Os** ➡ E5, im Doppelsinn Platz der Knochen oder der Platz des Müßiggangs, wo im Mittelalter die abgefressenen Gerippe der Gehenkten baumelten. Das Pflaster schmückt ein Mosaik von Joan Miró, der ganz in der Nähe das Licht der Welt erblickte.

Hier beginnt die Rambla del Centro, die wegen eines ehemaligen Klosters auch den Namen **Rambla dels Caputxins** ➡ E5 führt. Sie bildet den Auftakt zum bunten Treiben der unteren Altstadt. Zur Rechten prangt die Fassade des würdigen **Liceu** ➡ E5, des Opernhauses, das 1994 ausbrannte und im Oktober 1999 seinen Betrieb wieder aufgenommen hat. Mit 3600 Plätzen ist es immer noch eines der größten Bühnenhäuser der Welt. Traditionell zählt es zu den wichtigsten Kultstätten der Wagnermusik und der klassischen italienischen Oper.

Ein Stück weiter Richtung Meer öffnet sich zur linken Seite der Rambla hinter einem breiten Tordurchgang die **Plaça Reial** ➡ E5. Mit ihren Kolonnadengängen und einheitlichen Häuserfronten, den schlanken Palmen und Gaudí-Laternen sowie den vielen Straßencafés und dem gusseisernen Brunnen, auf dem die »Drei Grazien« stehen, braucht sie keinen Vergleich mit den schönsten *plazas mayores* Spaniens zu scheuen. In den Freiluftcafés unter den Schatten spendenden Arkaden drängen sich Scharen von Touristen neben einheimischem Alternativpublikum. Auf den öffentlichen Bänken klönen Stammgäste aus dem Viertel neben Familien mit Kindern und alten Frauen, die die Tauben füttern.

Die Rambles erreicht man erneut an der Plaça del Teatre. Hier beginnt die **Rambla de Santa Mònica** ➡ F5, die sich zum Meer hin mit dem mächtigen **Mirador de Colom** ➡ F5 verabschiedet. Doch bevor man auf die luftige Höhe der Kolumbussäule schwebt und den Blick über die Altstadt schweifen lässt, lohnt ein Besuch der **Drassanes** ➡ F5, des **Museu Marítim**. Die königliche Schiffswerft aus dem Mittelalter, die heute als Seefahrtsmuseum dient, geht in ihren ältesten Gebäudeteilen auf das Ende des 13. Jahrhunderts zurück. Mit ihren charakteristischen Blendbögen und den lang gestreckten, zum Meer hin geöffneten Hallen ist sie die größte und besterhaltene mittelalterliche Werft der Welt. Sie erinnert an jene glorreichen Zeiten, als das Königreich Aragón noch eine der führenden Seemächte im Mittelmeer war. »Barcelona lebt mit dem Rücken zur See«, hieß es lange, bevor sich die sozialistischen Stadtväter um 1985 an die »Rückeroberung des Meeres« machten.

Das Pflaster der Plaça de l'Os schmückt ein Mosaik von Joan Miró

Die Hafenpromenade **Moll de la Fusta** ➡ F5/6 war die erste Etappe eines ehrgeizigen Projekts, das der Hafenzone vom Kolumbusmonument bis zum Olympischen Yachthafen ein vollkommen neues Gesicht gegeben hat. Die einst verwahrloste Holzmole hat sich in eine großzügige Palmenallee verwandelt, durch die der Verkehr unterirdisch geleitet wird und die heute mit stilvollen Tapa-Bars und Designerrestaurants gepflastert ist. Schon von Weitem sticht die Riesengarnele von Stardesigner Javier Mariscal an der Promenade Barceloneta ins Auge.

Mirador de Colom

Eine moderne Holzbrücke, die **Rambla de Mar** ➡ F5, verbindet den Moll de la Fusta mit dem alten **Moll d'Espanya** ➡ F6, der sich mit dem Einkaufstempel Maremagnum, dem Aquarium und einem großen IMAX-Kinokomplex zur Mole der Freizeitvergnügen mitten im alten Hafen gemausert hat. Tausende überqueren täglich die Brücke, die optisch der Form der Wellen angepasst ist und gelegentlich geöffnet wird, um eine Yacht passieren zu lassen.

Auf dem Moll de la Fusta schlendern wir bis zur Hauptpost und zur **Llotja** ➡ F6, der früheren Börse, und biegen dann hinter der Llotja links in den Carrer Caputxes, eine urige Bogengasse, deren mittelalterliches Ambiente den Schauplatz für viele Degenfilme abgab. Nach wenigen Metern stehen wir vor einem Glanzpunkt der bürgerlichen Sakralgotik Kataloniens, der ④ **Kirche Santa Maria del Mar** ➡ F6. »Santa Maria!« war der Schlachtruf des katalanischen Heers bei der Eroberung Sardiniens 1329. Im selben Jahr wurde zum Dank für den Sieg der Grundstein für diese imposante Marienkirche gelegt, die als gotische Hallenkirche durch einen gemeinschaftlichen Kraftakt der verschiedenen Handwerkergilden des Viertels in nur 54 Jahren fertiggestellt wurde. Ihre Marienfigur im Chor ist Schutzpatronin der Seeleute, als Attribut hat sie ein Schiff dabei. Der Bau fasziniert durch seine stilistische Reinheit und seine ausgewogenen Proportionen.

Gegenüber der Kirche, am **Fossar de les Moreres** ➡ F6, wurden 1714 die heldenhaften Verteidiger Barcelonas gegen Philipp V. begraben. Ein ewiges Licht, die katalanischen Flaggenfarben und Blumen gedenken bis heute der Verstorbenen. Dort beginnt der **Passeig del Born** ➡ E/F6/7 mit seinen vielen Terrassenlokalen und am Ende steht die Born-Eisenmarkthalle, lange verwahrlost und vergessen. Heute ist sie ein restauriertes Kulturzentrum, das mittelalteriche Ausgrabungen integriert und Austellungen organisiert.

Eine Seitenstraße des Passeig Born ist die **Carrer Montcada**, in der sich ein Adelspalast an den nächsten reiht. Im Águilarpalast ist das berühmteste Museum der Stadt eingerichtet, das ⑤ **Museu Picasso** ➡ E6. Schon von Weitem sieht man die Warteschlangen davor. Rings um die Kirche Santa Maria del Mar lohnt es sich zu stöbern und durch die Gassen zu streunen, denn hier findet man die schönsten Design-, Schmuck- und flippigsten Modeläden. Das Viertel selbst heißt Call, es war bis zur Vertreibung der Juden das jüdische Viertel Barcelonas.

Vom Kirchplatz führt die Carrer Argentería geradewegs auf die **Plaça Sant Jaume** ➡ E6 zu. Das große Rechteck im Herzen verschlungener Gassen der gotischen Altstadt ist seit der Römerzeit das politische Zentrum der Stadt. Eine Längsfront schmückt das **Rathaus** ➡ E6, die andere wird beherrscht vom **Palau de la Generalitat** ➡ E6, in dem die Autonome Regierung Kataloniens ihren Sitz hat.

Zu beiden Seiten des Rathausportals stehen die lebensgroßen Figuren von König Jaume dem Eroberer und Stadtrat Fivaller als Symbole für die frühe und erfolgreiche Zusammenarbeit der Krone mit dem reichen Handelsbürgertum Barcelonas. Die Fähigkeit der Könige von Aragonien, Pakte im gegenseitigen Interesse zu schließen, sicherte ihnen Stabilität und sozialen Frieden im Inneren ihres Reichs und schuf zugleich die Grundlage für die mediterrane Expansion im 13. und 14. Jahrhundert, an der die dynamische Händlerklasse weit mehr Anteil hatte als die Kriegsflotte. Die knapp 400 Jahre dauernde Blütezeit im Mittelalter ist bis heute Bezugspunkt und Pfeiler der nationalen und kulturellen Identität der Katalanen. Während dieser Jahrhunderte hatten die Katalanen einen eigenen Staat, eine eigene Sprache, eine eigene Rechtsordnung, eine imperiale Strategie und eine der am höchsten entwickelten Kulturen Europas, die in der Altstadt bis heute unzählige Spuren hinterlassen hat.

Die prächtige gotische Innenausstattung des Regierungspalasts, die man hinter der neueren Fassade gar nicht vermutet, atmet noch ganz den kultivierten Reichtum der merkantilen Gesellschaft des Mittelalters. Über dem Renaissanceportal sitzt der heilige Georg, hier Sant Jordi genannt, auf dem Pferd. Der Drachentöter ist seit der Zeit der Kreuzzüge der Schutzheilige Kataloniens. 1977, zwei Jahre nach Francos Tod am Übergang zur Demokratie, begrüßte Josep Tarradellas nach 38 Jahren Exilregierung in Frankreich die unübersehbare Menschenmenge vor dem Palast mit den lakonischen Worten: »Hier bin ich wieder.«

Von der Plaça Sant Jaume führt rechts des Regierungspalastes das eng gewundene Paradís-Gässchen zum höchsten Punkt der Altstadt, dem **Mons Taber** (15 m ü.d.M.), auf dem in römischer Zeit ein **Augustustempel** stand. Vier Säulen des Tempels sind im Innenhof des Centre Excursionista de Catalunya noch erhalten.

Vorbei am Chor der Kathedrale erreichen wir die **Plaça del Rei** ➡ E6, architektonisch der geschlossenste und vornehmste Platz der Stadt. Im Hintergrund erhebt sich der frühere **Königspalast**, dessen Prunkstück der weiträumige gotische Saló de Tinell ist. Hier stellte Kolumbus 1493 nach seiner Rückkehr aus Amerika vor den Katholischen Königen Isabella und Ferdinand Gold und Indianer zur Schau.

Verlässt man die Plaça del Rei über den Carrer Santa Clara, führt rechts der Carrer dels Comtes entlang der Kathedrale zur **Plaça de la Seu** ➡ E6. Fantastische Fabeltiere, Einhörner und Elefanten speien das Wasser von den Dächern. Unterwegs öffnet sich zur Rechten ein idyllischer Orangenhof zum **Museu Frederic Marès** ➡ E6, das neben einem sehenswerten Kuriositätenkabinett eine Privatsammlung hervorragender sakraler Skulpturen aus dem Mittelalter birgt. Die Plaça de la Seu mit der Hauptfront und dem Haupteingang der Kathedrale wird mittwochs und am Wochenende zum Tanzboden, wenn ein Orchester zum katalanischen Nationaltanz, der *Sardana,* aufspielt und sich Jung wie Alt an den Händen fassen und Kreise bilden. Am Sonntagnachmittag sieht man die *Sardana* übrigens auch auf der Plaça Sant Jaume. Es darf mitgetanzt werden.

Hoch und filigran: die gotische Kathedrale

Das Innere der gotischen **Kathedrale** ➡ E6 ist in ein mystisches Halbdunkel getaucht. In der ersten Seitenkapelle rechts verehrt man ein wundertätiges Kruzifix, das Don Juan de Austria 1571 in der Seeschlacht von Lepanto bei sich trug. Über den kuriosen Schlenker in der Hüfte der Figur erzählt man, dass Christus im Schlachtgetümmel blitzschnell einer türkischen Kanonenkugel auswich. Und schon war der Schützer vor Kriegsverletzungen geboren, der vor dem Einzug zum Militär eifrig besucht wird.

Prachtvolle Marmorreliefs schmücken die Außenwand des zentralen Chors mit der Leidensgeschichte der Stadtpatronin Eulalia, einer 13-jährigen Schönheit, die im Jahr 304 während der Christenverfolgungen des Kaisers Diokletian ein grausames Martyrium erlitt und in einem Alabastersarkophag in der Krypta unter dem Hochaltar begraben liegt.

Durch das Portal rechts der Krypta gelangen wir in den Kreuzgang, wo uns zwischen Palmen, Magnolien und Orangenbäumen das Geschnatter von 13 Gänsen empfängt. Niemand weiß so recht zu sagen, wie diese alten Kulttiere der großen iberischen Muttergöttinnen zu dieser ehrwürdigen Behausung kamen. Vielleicht sollten sie schlicht den Domschatz hüten.

Wir überqueren die weiträumige Plaça Nova vor der Kathedrale und steuern auf die Avinguda del Portal de l'Angel zu, von der rechts der Carrer Montsió mit dem historischen Café-Restaurant **Els Quatre Gats** ➡ E6 abgeht. Das 1897 als Imitation des Pariser »Le chat noir« gegründete Café ist ein stilvoller Ort zum Mittagessen. Hier organisierte Picasso seine erste Ausstellung und hier diskutierten die Künstler um 1900 bis in die Nacht hinein, wie sie die Welt aus den Angeln heben könnten.

Der einstige Besitzer Pere Romeu stürzte sich mit solcher Begeisterung in die hitzigen Debatten, dass er darüber ganz und gar das Geschäft vergaß. So musste das Lokal 1903 geschlossen und dem »Cercle de Sant Lluc« das Feld überlassen werden, einer kirchennahen Abspaltung des Künstlerbundes, dem an vorderster Stelle Antoni Gaudí angehörte. Diese Vereinigung wollte der Kunst eine stark von religiöser Mystik und Symbolik beeinflusste Note geben. All diese Künstlergruppen werden trotz ihrer Gegensätzlichkeit dem Modernisme zugerechnet, der als ein Prozess der Erneuerung der katalanischen Kultur verstanden werden muss.

Bevor wir uns zum Stadtviertel Eixample, das mit einer ganzen Reihe modernistischer Gebäude aufwartet, auf den Weg machen, überqueren wir die pulsierende Verkehrsader Via Laietana und stehen in der Carrer Sant Pere Mès Alt nach wenigen Metern vor einem Meisterwerk des Modernisme, dem **Palau de la Música Catalana** ➡ E6 (1908) von Domènech i Montaner. Wer Gelegenheit hat, eines der zahlreichen Konzerte zu besuchen oder eine Führung mitzumachen, den erwartet im Inneren überbordende Dekoration: im Zentrum eine imposante Hängekuppel aus Buntglas, links der Bühne eine Skulpturengruppe sanfter Musen, die dem lokalen Heros der Volksmusik Anselm Clavè den Lorbeer flechten. Über ihm rauscht ein mächtiger Lebensbaum. Auf der anderen Seite thront Beethoven zwischen rauchumwehten klassischen Säulen, über denen Wagners Walküren auf fliegenden Pferden in den freien Raum hinausjagen.

Auf der mondänen Promenade des **Passeig de Gràcia** ➡ A–D6 mitten im Stadtviertel **Eixample** (sie beginnt an der Plaça de Catalunya) bekommen wir zwischen der Querstraße Consell de Cent, der Kunstmeile der Stadt, und dem Carrer d'Aragó die divergierenden Stile der drei größten Architekten des katalanischen Jugendstils gleich nebeneinander serviert. Im zweiten Stock der **Casa Lleó Morera** ➡ C6 (Nr. 35) von Domènech i Montaner erkennt man noch merkwürdige Verzierungen, die die neuesten Erfindungen der Zeit um 1900 darstellen: ein Grammophon, ein Telefon, eine elektrische Glühbirne und eine Kamera. Von hanseatischer Gotik ließ sich Puig i Cadafalch bei der **Casa Amatller** (Nr. 41) ➡ C6 inspirieren. Mit ihrer Galerie und ihren verkachelten Stufengiebeln erinnert sie an Bürgerhäuser der ehemals spanischen Niederlande.

Welch ein Kontrast zur weichen, wellenförmigen Fassade von Gaudís **Casa Batlló** (Nr. 43) ➡ C6, aus deren blaugrünem, wie eine sanfte Meeresoberfläche glitzerndem Mosaik totenschädelgleiche, eiserne Balkonbrüstungen vorspringen. Alles ist hier fließend. Gekrönt wird das Ganze durch ein wogendes Dach aus glasierten Kacheln, ähnlich dem geschuppten Rücken eines Riesenreptils, über dem sich ein Rundtürmchen mit blumiger Laterne und vierarmigem Kreuz erhebt, was nach Gaudís Symbolismus die Legende vom heiligen Georg und dem Drachen darstellt.

Verschnaufpause vor der Geburtsfassade der Sagrada Família

Links im Carrer d'Aragó fällt gleich die wüste Dachdekoration eines Jugendstilhauses ins Auge – eine Mischung aus Wuschelhaar und Stacheldrahtverhau. Hier hatte Antoni Tàpies, der berühmteste zeitgenössische Künstler Spaniens, seine Hände im Spiel. In das Haus ist die **Fundació Antoni Tàpies** ➡ C6, die Tàpies-Stiftung, eingezogen, die viele Gemälde, Grafiken und Skulpturen des Künstlers zeigt.

Vielbestaunt: die Casa Batlló von Antoni Gaudí

Ein Stück weiter den Passeig de Gràcia hinauf, prangt an der Ecke Passeig de Gràcia und Carrer de Provença eine gigantische expressionistische Skulptur, in der die Kurve in nie gesehener Vollendung über die Gerade triumphiert: Gaudís 6 **Casa Milà** ➡ C6. Wie Höhlenaugen lugen die Fenster aus der wellenförmig wogenden Natursteinfassade. Schmiedeeiserne Algen und Wasserpflanzen ranken sich wild verschlungen um die Balkone und das wuchtige Portal gleicht einem riesigen Spinnennetz. Geradezu surrealistisch wird es auf dem begehbaren Dach, wo gespenstisch maskierte Schornsteine dem Betrachter einen Schauder über den Rücken jagen. Bei seinen Zeitgenossen traf dieser absolute Hit des Modernisme auf wenig Gegenliebe und wurde spöttisch als ausgebombte Ruine oder Opfer eines Erdbebens karikiert. Das Volk taufte das Bauwerk abfällig **La Pedrera**, Steinbruch, was sich im Laufe der Jahre als zweiter offizieller Name für das Gebäude durchsetzte.

Von der Avinguda Diagonal bringt uns die Metrolinie 5 Richtung Vall d'Hebron zur 7 **Sagrada Família** ➡ C8, dem Wahrzeichen Barcelonas. Nach zwei Stationen stehen wir direkt vor Antoni Gaudís unvollendetem Lebenswerk, von dem bis heute die Baukräne nicht wegzudenken sind. Als der 31-jährige Gaudí 1883 die Bauleitung der ursprünglich im konventionellen, neogotischen Stil geplanten Kirche übernahm, veränderte er ihre Konzeption von Grund auf. Ihm schwebte eine Kathedrale der Armen vor mit einem umfassenden System von Symbolismen und visuellen Erklärungen der Glaubensmysterien. Ein Katechismus in Stein, in dem der Betrachter wie in einem aufgeschlagenen Buch lesen kann, der Eingeweihte auch zwischen den Zeilen.

Sein grandioser Plan sah eine wahrhafte Apotheose von 18 Türmen vor: Christus, im Zentrum erhöht, umgeben von den vier Evangelisten und der Gottesmutter und an drei Seiten je vier Türme, die die zwölf Apostel symbolisieren. Sein Vorbild aus der Natur war ein aufrechter Baum, an dem sich alles in Harmonie befindet und der besser als jedes Werk der Gotik ohne Strebepfeiler auskommt. Josep Subirachs heißt Gaudís Nachfolger, der die Skulpturen entwarf, die die Sühnekirche vollenden sollen. Offen bleibt, ob Gaudí mit dem Ergebnis wohl auch zufrieden wäre. Im November 2010 weihte Papst Benedikt XVI. die Kirche und erhob sie in den Rang einer Basilika. ■

Gaudís frühestes architektonisches Werk: die Casa Vincens in der Carrer de les Carolines

Modernisme – Jugendstil auf Katalanisch

Zwischen 1890 und 1920 entwickelte sich die katalanische Version des Jugendstils, der Modernisme, oder wie es auf Kastilisch heißt, Modernismo. In Deutschland lag der Ursprung der neuen Stilrichtung in München, für die die Zeitschrift »Die Jugend« namengebend wurde. In Frankreich und Belgien heißt sie »Art Nouveau«, in Großbritannien »Modern Style« und in Österreich ist es die »Wiener Sezession«.

Die Zeit des Modernisme fällt zusammen mit einer Industrialisierungswelle und großen Blüteperiode für Barcelona, neue technische Errungenschaften werden auf der EXPO von 1888 vorgeführt. So ist die modernistische Architektur als eine Frucht der Erforschung neuer Techniken und Materialien in der Baukunst zu verstehen. Kurven statt gerader Linien, asymmetrische Formen, verschiedene Schmuckelemente wie Glas, Kacheln und Schmiedeeisen prägen den neuen Trend.

Die drei großen Protagonisten des Stils heißen: **Antoni Gaudí i Cornet** (1852–1926), Lluís Domènech i Montaner und Josep Puig i Cadafalch. Ohne sie wäre Barcelona nicht denkbar. Keine andere Stadt wurde derart vom Jugendstil geprägt und nirgendwo fand er zu einer solchen Dichte, Originalität und Ausdrucksvielfalt wie in Barcelona.

Lluís Domènech i Montaner (1850–1923) war Architekt, Historiker und Politiker, der in Madrid und Barcelona studierte. Seit 1901 unterrichtete er an der Barceloneser Architekturschule und war sogar deren Direktor. Anlässlich der Weltausstellung von 1888 entstanden die Bauten, die ihn berühmt machten: das Hotel Internacional und das Restaurant am Eingang des Ciutadella-Parks. Er arbeitete überwiegend mit Ziegelstein und kombinierte mit Schmiedeeisen und Kacheln. Seine monumentalsten Werke sind der Palau de la Música Catalana (Weltkulturerbe) und das Hospital Sant Pau. Er war Mitglied verschiedener politischer Parteien, u. a. der Lliga de Catalunya, und publizierte Bücher über Architektur im Zusammenhang mit der katalanischen Geschichte.

Josep Puig i Cadafalch (1867–1956) wurde in Mataró geboren. Er war Architekt, Kunsthistoriker und Politiker. 1895 konstruierte er die Casa Martí, in die später das populäre Künstlercafé Els Quatre Gats einzog. Seine Architekturprinzipien spiegeln sich dort wider, nämlich sein Vorbild der nordischen Gotik und die Vorherrschaft von Kunsthandwerk. Sein bekanntestes Werk ist die Casa Amatller (1900), die sich an der flämischen Gotik orientiert.

Puig i Cadafalch war Präsident und Gründer des Instituts für katalanische Forschungen, Institut d'Estudis Catalans, und leitete die archäologischen Ausgrabungen in Empúries sowie die Restaurierung vieler romanischer Kirchen. Wie Gaudí war er Mitglied der Lliga de Catalunya, Provinzabgeordneter und Ratgeber des Bürgermeisters. Während des Spanischen Bürgerkriegs musste er nach Paris ins Exil gehen.

Wahrzeichen Barcelonas: Antoni Gaudís Sagrada Família ▷

Barceloneta, Fòrum und Port Olímpic

An der Strandpromenade **Barceloneta** ➡ F/G6 liegt eine der Ausgeh- und Vergnügungsmeilen der Stadt, der **Port Vell**, der alte Hafen. Rings um das **IMAX-Kino** ➡ F6 und das **Maremagnum** ➡ G5/6 sind Disco-Pubs angesiedelt, hinter den Segelmasten im Hafen reihen sich die Fischlokale aneinander. Das historische Museum Kataloniens, das **Museu d'Història de Catalunya** ➡ F6, hat dort ein großes Gebäude bekommen mit Terrassenrestaurant. Sogar eine Fahrradspur hat man an der Barceloneta angelegt, in Spanien noch immer eine Seltenheit.

Das Wahrzeichen der Promenade ist und bleibt eine überdimensional große Riesengarnele im Comic-Stil, die Stardesigner Javier Mariscal entwarf und an der Straße platzieren ließ. Vom alten Hafenbecken ➡ G6 heben die Gondeln der **Seilbahn** ab, um im Zeitlupentempo über das Hafengebiet zum Aussichtspunkt Miramar ➡ F4 an Barcelonas Hausberg Montjuïc zu schweben.

Ein Stückchen weiter östlich am Meer entlang schließt sich der **Port Olímpic** ➡ G8 an mit seinem neuen Yachthafen und der Strandpromenade. 142 Meter hohe Zwillingstürme markieren ihn, in einem ist das teuerste Hotel der Stadt, das Arts Barcelona, eingerichtet. 1992 stampfte man für die Olympischen Spiele das Olympische Dorf aus dem Boden, das gegenüber dem Hafen liegt: 2000 Wohnungen, entworfen von renommierten Architekten, sowie der Hafen mit dem neu erschlossenen Strandzugang. Ein großer, golden glänzender Fisch von Frank O'Gehry bildet den Auftakt zur Strandpromenade. Und natürlich ist auch der Olympiahafen eine gigantische Ausgehmeile mit vielen Discos. Noch weiter östlich am Meer stößt man auf das jüngste Großbauprojekt der Stadt, das **Fòrum** ➡ aC4, ein Kulturzentrum, das ein wenig an US-amerikanische Erlebnisparks erinnert.

Richtung Osten wächst und wächst die Stadt, die beinahe einzige Richtung, in die sich Barcelona aufgrund seiner geografischen Lage, von Hügeln umschlossen und am Meer gelegen, ausdehnen kann. Wen wundert's, dass dort besonders viele Baukräne zu sehen sind.

Sonnenaufgang über dem Strand von Barceloneta

Blick auf die Plaça d'Espanya und zum Montjuïc mit dem Museu Nacional d'Art de Catalunya

Montjuïc

Der Legende nach soll Herkules Barcelona gegründet haben. Nur er, der starke Mann der antiken Mythologie, sei in der Lage gewesen, die sieben Hügel, die Barcelona umgeben, aus der Erde zu ziehen. Der 173 Meter hohe **Montjuïc** ➡ D–F2–4 ist einer dieser Hügel, dessen Name entweder auf einen Tempel aus der Römerzeit (*mons jovis* = lat. Berg des Jupiter) oder aber auf einen ehemaligen jüdischen Friedhof (*Montjueu* = Judenberg), der hier im Mittelalter lag, zurückgeht. In der Stadtgeschichte galt: Wer den Montjuïc beherrschte, übernahm gleichzeitig die Herrschaft über die Stadt.

Am strategisch günstigsten Punkt wurde eine Burganlage errichtet, in der sich heute ein Militärmuseum befindet, das **Castell de Montjuïc** ➡ F2/3. Es wurde im 18. Jahrhundert gebaut, um Barcelona vor Angriffen vom Meer aus zu schützen. Vorrangig aber diente es dazu, die aufständische Stadt unter Beschuss zu nehmen. Während des Spanischen Bürgerkriegs wurden hier im gefürchteten Militärgefängnis Gefangene von den Nationalisten gefoltert und hingerichtet, darunter auch der frühere katalanische Präsident Lluís Companys.

Von den Festungsmauern genießt man heute einen herrlichen Blick über Barcelona und das Meer. Gleich hinter der Burganlage erstreckt sich der botanische Garten und am Südwesthang ein riesiger Friedhof, auf dem die berühmtesten Persönlichkeiten Barcelonas bestattet sind.

Mit der Metro fährt man am besten zur **Plaça d'Espanya** ➡ D3, um von dort aus den »Hausberg« der Stadt zu erkunden. Zwei Türme, dem Campanile der Markuskirche von Venedig nachempfunden, eröffnen den Platz. Sie wurden anlässlich der Weltausstellung von 1929 errichtet. An der Straße bergaufwärts stehen große Hallen, die zur **Fira** ➡ D3, der Messe, gehören, sowie der **Palau de Congressos** ➡ D3, der Kongresspalast. Mit Madrid ist Barcelona die wichtigste Messestadt Spaniens. Glanzpunkte im Messekalender sind die Modemesse Pasarela Gaudí und die Gastronomiemesse.

Der **Font Màgica** ist ein großer Springbrunnen, der abends mit stimmungsvoller Beleuchtung und musikalischer Untermalung in Szene gesetzt wird. Wegen der großen Trockenheit verzichtet die Stadt aber immer häufiger auf das Wasserspektakel.

Schließlich führen Rolltreppen hinauf zum **Palau Nacional** ➡ E2/3. Er war ursprünglich der Hauptpavillon der EXPO von 1929 und wurde in historisierendem Stil eigens dafür errichtet. Heute birgt er eines der wichtigsten Museen Spaniens, das 8 **Museu Nacional d'Art de Catalunya** (MNAC). Es beherbergt vor allem eine einzigartige Sammlung romanischer Fresken, die man aus konservatorischen Gründen von Kirchenwänden der zahlreichen Gotteshäuser entlang der Pyrenäen ablöste.

Vom Museum blickt man auf die Olympiaanlagen von 1992 mit dem großen Leichtathletikstadion **Estadi Olímpic** ➡ E/F2, das 65 000 Sitzplätze fasst, und dem **Palau Sant Jordi** ➡ E2, der Sporthalle mit einem muschelförmigen Dach. Architekturkritiker halten das Werk des japanischen Architekten Arata Isozaki für das gelungenste unter den olympischen Bauwerken. Das Gebäude mit 17 000 Sitzplätzen kann für Hallensportarten, aber auch für Konzerte, Ausstellungen und Kongresse genutzt werden. 1990 hielt die Stadt zehn Tage lang den Atem an, als die vorgefertigte Dachkonstruktion mit zwölf hydraulischen Pressen Zentimeter um Zentimeter auf 45 Meter Höhe gehievt und den Fundamenten aufgesetzt wurde. Spektakulär durch seine geschwungene Form, ist der schneeweiße **Kommunikationsturm** (Torre Telefónica oder Torre Calatrava) der Olympischen Spiele weithin sichtbar. Santiago Calatrava, Spaniens vielleicht berühmtester zeitgenössischer Architekt, hat ihn entworfen. Er machte schon mit seiner Brückenkonstruktion zur EXPO in Sevilla von sich reden.

Ausgeschildert und in der Nähe des Palau Nacional liegt die 9 **Fundació Joan Miró** ➡ E3, ein großartiges Museum, untergebracht in einem beeindruckenden Bau von Josep Lluís Sert, einem Freund des Malers Miró. Schräg gegenüber dem Museum kann man entweder mit der Standseilbahn, Funicular, zur Metrostation Paral·lel hinunter oder aber mit der Gondelbahn noch weiter den Montjuïc hinauffahren zu einem Aussichtspunkt, von dem man die ganze Stadt und den Hafen überblickt. An der Straße vor dem sogenannten **Mirador** ➡ F3/4 ist eine Steinskulptur von *Sardana* tanzenden Leuten aufgestellt.

Wenn man umgekehrt vom Palau Nacional aus wieder nach unten geht, gelangt man auf der linken Seite zum **Pavelló Mies van der Rohe** ➡ D2. Mies van der Rohes Entwurf für den deutschen Pavillon der Weltausstellung von 1929 bestand aus einer Folge luftiger, funktionaler

Relikt der EXPO von 1929: das Poble Espanyol

Auf keinen Fall verpassen: Fahrt mit der Standseilbahn zum Kloster Montserrat

Baukörper mit Innen- und Außenräumen auf einer Terrasse, die teilweise von einem flachen Dach bedeckt sind und sich in einem davor liegenden Teich spiegeln. Nach der Weltausstellung wurde der Bau abgerissen. In den 1980er-Jahren fanden sich Bewunderer Mies van der Rohes zusammen und ließen den Pavillon originalgetreu wieder aufbauen.

Direkt gegenüber zeigt die Stadtsparkasse in ihrem Kultur- und Ausstellungszentrum **CaixaForum** ➡ D2 sehenswerte Wechselausstellungen. In nächster Nähe liegt das **Poble Espanyol** ➡ D/E2, das Spanische Dorf, auch ein Überbleibsel der EXPO von 1929. Ein Minimundus spanischer Sehenswürdigkeiten, in dem sich über 100 originalgetreue Kopien herausragender Monumente um schneeweiße andalusische Gassen und ehrwürdige kastilische Plätze gruppieren.

Montserrat

Eine Zugstunde und 50 Kilometer nördlich von Barcelona liegt das **Kloster Montserrat** ➡ westl. aD1, Kataloniens Nationalheiligtum, umringt von einem wild zerklüfteten Bergmassiv, das der Legende nach sein Aussehen von Englein bekam, die dergestalt den Berg zersägten. So kam es zu dem Namen »zersägter Berg«. Seit über 1000 Jahren beleben Benediktiner das Kloster, das heute allerdings wenig historisch aussieht, zu oft wurde es durch Kriege zerstört.

Eine wundertätige braune Madonnenfigur, Mare de Déu de Montserrat, machte Montserrat schon lange zum bedeutenden Wallfahrtsort. Die Holzfigur stammt vom Ende des 12. Jahrhunderts und wird aufgrund ihrer dunklen Farbe die Moreneta genannt. Die Schwarze Madonna ist seit etwa 130 Jahren Kataloniens Schutzpatronin. Über eine Treppe, die hinter dem Hochaltar herumführt, kann man die Moreneta aus der Nähe betrachten.

Weltruhm erlangte der Knabenchor von Montserrat, **L'Escolania**, der fast täglich um 13 Uhr das Salve und das Virolai in der Kirche singt (So schon um 12 Uhr, Samstag Ruhetag, Ferienzeiten beachten). Das **Museo de Montserrat** ist ebenfalls bemerkenswert mit Werken von Caravaggio, El Greco und berühmter Impressionisten.

Auf keinen Fall sollte man versäumen, mit einer der **Standseilbahnen** auf 1000 Meter hochzufahren, um den Blick auf Kloster und Bergwelt zu genießen. Mehrere Wanderrouten sind gut ausgeschildert. Die Funicular Sant Joan bietet vielleicht die schönsten Ausblicke.

Anreise: Mit dem Zug ab Barcelona/Plaça d'Espanya, Dauer ca. 1,5 Stunden (Zug R5 Richtung Manresa bis Monistrol de Montserrat, dort umsteigen in die Standseilbahn cremallera, 2 Stationen); mit dem Auto auf der Autobahn A2, Ausfahrt Martorell nehmen und dann auf der C16 weiterfahren; mit dem Bus der Gesellschaft Julià-Bus ab Estación de Autobuses, carrer de Viriat 33, www.autocaresjulia.es, ✆ 93 402 69 00.

Tourist Information
Monte Montserrat s/n
✆ 93 877 77 77
www.montserratvisita.com

Monestir de Montserrat
Abadia de Montserrat
✆ 93 877 77 77
www.abadiamontserrat.net
Das Kloster liegt im gleichnamigen Gebirge und gilt als Nationalheiligtum Kataloniens.

Museu de Montserrat
Abadia de Montserrat
✆ 93 877 77 45
www.museudemontserrat.com
Zu sehen sind antike und moderne Malerei sowie archäologische Fundstücke. Höhepunkte sind avantgardistische und impressionistische Werke.

Schutzpatronin von Katalonien: die Schwarze Madonna von Montserrat

Spektakuläre Lage im Felsmassiv: das Kloster von Montserrat

Joan Mirós kindliche Welt

Miró-Skulptur vor der Fundació Joan Miró

Miró wurde 1893 in Barcelona geboren, 1983 verstarb er in Palma de Mallorca. Er war ein äußerst aktiver Künstler, seiner Heimatstadt hat er eine Vielzahl an Werken hinterlassen, sogenannte Ready Mades, Gemälde, Grafiken und Teppiche. Die Miró-Stiftung ist heute einer der Hauptanziehungspunkte Barcelonas.

1919 reiste Miró zum ersten Mal nach Paris, wo er lange Zeit immer wieder den Winter verbrachte, während er im Sommer gewöhnlich in Montroig wohnte, in der Provinz von Tarragona, umgeben von den klaren Farben der dortigen Bergwelt. In der französischen Hauptstadt lernte er die Avantgarde kennen und schloss enge Freundschaft mit Picasso. 1941 ließ er sich auf Mallorca nieder.

Zunächst machte sich bei ihm der Einfluss des Kubismus bemerkbar, später entwickelte er seine eigene dem Surrealismus sehr ähnliche Bildsprache, in der die dargestellten Motive auf rätselhafte Symbole geschrumpft sind. Man könnte ihn als einen abstrakten Surrealisten bezeichnen, der Traumwelten statt mit realistischen Malmitteln von der Natur entfremdet – also abstrakt – wiedergibt. Unverkennbar ist sein Stil, der sich oft auf die drei Grundfarben Gelb, Rot und Blau reduziert und kombiniert mit schwarzen Linien und Schriftzügen an Kinderzeichnungen erinnert. Doch wie könnte man Mirós Kunst besser erklären als mit seinen eigenen Worten: »Ich bin von Natur aus eher schweigsam, neige zur Tragik. In meiner Jugend hatte ich Phasen tiefster Traurigkeit. Jetzt fühle ich mich einigermaßen ausgeglichen, aber es widert mich alles an. Das Leben kommt mir so absurd vor. Nicht, dass ich hätte lange überlegen müssen, um zu dieser Ansicht zu kommen, nein, ich empfinde das Leben einfach als absurd, ich bin ein Pessimist. Immer denke ich, dass alles ganz schlimm ausgehen wird. Die humoristischen Elemente, die man vielleicht in meiner Malerei findet, habe ich nicht gewollt. Wahrscheinlich kommt dieser Humor daher, dass ich versuche meiner tragischen Veranlagung entgegenzuwirken: ist also Reaktion, nicht Absicht.«

Miró fesselte der endlos weite Himmel, auf dem nur eine Mondsichel oder die Sonne zu sehen ist. Und so schuf er Gemälde mit einem großen leeren Hintergrund und darauf ganz kleine Figuren. Die Leere faszinierte ihn. Er sagte: »In meinen Bildern haben die Formen Bewegungen und sind gleichzeitig bewegungslos.« Miró wollte mit einem Minimum an Mitteln eine größtmögliche Intensität erreichen, gerade deswegen machte er seine Bilder immer kahler und leerer. Bis 1935 waren in seinen Bildern Räume und Figuren noch plastisch modelliert und von Hell-Dunkel-Kontrasten geprägt. Seine Vorbilder waren die romanischen Fresken. Um 1940 fing er dann an die plastische Darstellungsweise ganz aufzugeben und Abschattierungen wegzulassen.

Man könnte ihn auch als einen Minimalisten bezeichnen, der in den 1970er Jahren Kompositionen lieferte wie ein Jackson Pollock. In allen Winkeln dieser Gemälde steckt die Gestik, er war ein Anhänger des Action Painting. Für ihn konnten ein paar Farbtupfer, die beim Reinigen des Pinsels zufällig auf die Leinwand tropften, der Anfang eines neuen Werks sein. Aber die nächste Phase war dann genau kalkuliert. Rot und Blau sind wohl die Farben schlechthin in der Produktion des Malers, die mit der sinnlichen Wahrnehmung von heiß und kalt zu tun haben können. Im Gegensatz dazu verwendete er Schwarz, Weiß und Grau als grafische Elemente, um den Raum zu strukturieren. Seine Bilder sollten strahlen und funkeln und man sollte in ihnen immer wieder etwas Neues entdecken können – »Es gibt aber Bilder, die kann man eine Woche lang anschauen, ohne dass sie einen beeindrucken. Andere schaut man eine Sekunde lang an, und vergisst sie nie wieder.«
(Zitate aus: »Ich arbeite, wie ein Gärtner arbeitet«, 1959, Revue XXe siècle.)

Sitges

Sitges ➡ südl. aE1, das mondäne Städtchen am Meer, steht für Kinofestival, Gay-Szene und Künstlerkolonie der Jugendstilzeit. Es liegt nur 40 Kilometer südwestlich von Barcelona und ist mit dem Zug mühelos vom Bahnhof Sants aus zu erreichen. Der Flughafen El Prat liegt in nächster Nähe.

An den verwinkelten mittelalterlichen Gässchen mit ihren schmucken Einkaufszonen scheint der Bauboom der 1960er Jahre vorbeigezogen zu sein. An der Uferpromenade, der **Platja de la Fragata**, ragt die trutzige **Pfarrkirche** als Wahrzeichen empor, hinter dem sich die absolut sehenswerten Museumsjuwelen von Sitges verbergen: das **Museu Cau Ferrat** und das Museu Maricel. Das Cau Ferrat war das Wohnhaus und Atelier von Santiago Rusiñol (1861–1931), Maler, Sammler und Kunsttheoretiker, der die Jugendstilszene ins Seebad lockte und rauschende Feste in seinem Haus zelebrierte. 2006/2007 feierte die Stadt das Rusiñol-Jahr mit vielen Veranstaltungen anlässlich seines 75. Todestags. Sitges nennt sich gar »Stadt des Rusiñol«.

An der Uferpromenade versteht man, warum Meer und Licht die Künstler gerade hier in Sitges in ihren Bann zogen. Im Palast neben dem Museu Cau Ferrat findet sich das **Museu Maricel**. Das Gebäude, in das ein ehemaliges Hospital aus dem Mittelalter integriert ist, erwarb im Jahr 1910 der wohlhabende US-Amerikaner Charles Deering. Heute ist hier eine umfassende städtische Kunstsammlung eingerichtet.

Aufs Festefeiern versteht sich Sitges ganz besonders: Zur Karnevalszeit gehören die Straßen den Transvestiten und Dragqueens, im Oktober trifft sich die Kinoszene, im März tuckern Oldtimer durch den Ort und zu Fronleichnam versinken die Straßen in handgearbeiteten Blumenteppichen.

Mondänes Städtchen am Meer: Sitges

Brunnensaal im Museu Cau Ferrat in Sitges südlich von Barcelona

Anreise: 40 km südwestlich von Barcelona; mit dem Auto über die A16, Ausfahrt 30; mit dem Zug ab Bahnhof Sants (RENFE, Regionalzug C2), Dauer ca. 30 Min.

Tourist Information
Plaça de Eduard Maristany, 2
08870 Sitges
✆ 93 894 42 51
www.sitgestur.cat

Fundació Stämpfli
Plaça de l'Ajuntament, 13
✆ 93 894 03 64
www.fundacio-stampfli.org
2010 hat der Schweizer Wahlbürger Stämpfli seine Sammlung moderner Kunst in der alten Fischmarkthalle am Rathaus eingerichtet und der Stadt damit ein großartiges Museum gestiftet.

Museu Cau Ferrat
Carrer Fonollar, s/n
✆ 93 894 03 64
museusdesitges.cat
Kombikarte mit Museu Maricel
Wohnhaus und Atelier von Santiago Rusiñol. Der Bohemien sammelte Kunsthandwerk aus Schmiedeeisen, daher der Name Cau Ferrat, »eisernes Haus«. Blauweiße Kacheln, Jugendstilbilder und ein El Greco sind zu sehen.

Museu Maricel
Adresse vgl. Museu Cau Ferrat
Kostbare Bildwerke der Gotik und Romanik, die durch Schenkungen dieses Stadtmuseum bestücken. Und natürlich auch jede Menge Jugendstil.

Museu Romàntic Can Llopis
Carrer Sant Gaudenci, s/n
✆ 93 894 03 64
museusdesitges.cat
Wegen Renovierung geschl.
Das Museum in dem neoklassizistischen Gebäude gibt u. a. interessante Einblicke in das Leben des katalanischen Bürgertums im 19. Jh.

Restaurante Maricel
Passeig de la Ribera, 6
✆ 93 894 20 54
www.maricel.es
Das Maricel lohnt allein schon den Weg nach Sitges. Eine nicht zu kreative Küche mit erstklassigen Zutaten wie Seeteufel oder *Foie gras*. Oberste Preislage. Reservierung nötig. ■

Museen, Plätze, Kirchen, Architektur und andere Sehenswürdigkeiten

Mit der **Barcelona Card** können Erwachsene/Kinder (4–12 J.) drei, vier oder fünf Tage den öffentlichen Nahverkehr im Stadtgebiet nutzen und erhalten bei einigen Museen und Attraktionen freien Eintritt, bei anderen vergünstigte Eintrittskarten sowie Rabatte in manchen Restaurants und Bars. Erhältlich sind die Karten bei den Tourist Informationen in Barcelona (auch am Flughafen) oder etwas günstiger auf der Website www.barcelonacard.org.

Bei den Tourist Informationen und an den Museumskassen bekommt man das ein Jahr gültige **Articket**, mit dem man die sechs wichtigsten **Museen Barcelonas** (mit * versehen) besuchen kann.

Kauft man **Eintrittskarten vorab online**, kann man Zeit und Geld sparen, da manchmal ein *fast pass* angeboten wird, so z. B. beim Museu Picasso, für das die Online-Buchung dringend anzuraten ist, doch empfehlenswert ist diese bei allen Museen in Barcelona.

Museen und Galerien

CaixaForum ➡ D2
Av. de Francesc Ferrer i Guàrdia, 6–8
Metro L1, L3: Espanya
✆ 93 476 86 00, www.barcelonaopenbancsabadell.com
Die Stiftung der Caixa fördert zeitgenössische Kunst und unterstützt junge Künstler mit Stipendien in einem Sozialfond. Sehenswert ist auch das Gebäude der Stiftung selbst, das der katalanische Architekt Puig i Cadafalch entworfen hat. Außerdem ist die Stiftung ein Kulturzentrum mit Konzerten, Kino und Vorträgen. Für Sonderaustellungen gibt es große Räume. Das CaixaForum liegt bei der Messe an der Plaça d'Espanya gegenüber dem Mies-van-der-Rohe-Pavillon.

Casa Milà/La Pedrera
Vgl. S. 40.

Casa Museu Gaudí ➡ cA2
Im Parc Güell
Metro L3: Lesseps, L4: Alfons X
✆ 93 219 38 11
www.sagradafamilia.org
Kombiticket mit Sagrada Família
Kleines Villenhaus, in dem Antoni Gaudí während der Errichtung der Gartenstadt Quartier bezog. Persönliche Gegenstände Gaudís und ausgefallene Möbel sind zu sehen.

Centre d'Art Santa Mònica (CASM) ➡ F5
Rambla de Santa Mònica, 7
Metro L3: Drassanes
✆ 93 567 11 10
www.artssantamonica.gencat.cat
Eintritt frei
Ausstellungssäle für zeitgenössische Kunst aus Katalonien und aller Welt, eingerichtet in einem umgebauten Kloster. Das Konzept der Kulturinstitution: eine Verbindung von Kunst, Wissenschaft und Kommunikation eingehen in Form von Ausstellungen und Workshops, von und für die Bürger.

Centre de Cultura Contemporània de Barcelona (CCCB) * ➡ D5
Carrer Montalegre, 5
Metro L1, L2: Universitat, L1, L3: Catalunya
✆ 93 306 41 00
www.cccb.org
1994 in der alten Casa de la Caritat im urbanen Raval-Viertel eröffnet, bietet die multi- und interkulturelle Institution ein Forum für kreative und künstlerische

Antoni Gaudí i Cornet

Detail der Sagrada Família

Antoni Gaudí i Cornet (1852–1926) stammt aus Reus, einer Stadt in der Nähe von Tarragona, und aus ärmlichen Verhältnissen. Sein Vater war Kesselschmied. In Barcelona studierte er Architektur und arbeitete gleichzeitig für verschiedene Architekturbüros. Sein Schaffen, das sich auf Barcelona konzentriert, lässt sich in vier Entwicklungsstufen unterteilen. Die erste beginnt mit seinem Studienabschluss 1878 und dauert bis 1882. Sie ist geprägt von kooperativen Projekten wie etwa im Ciutadella-Park, wo er mit Josep Fontseré zusammenarbeitete und Wasserkaskaden gestaltete. Für die Plaça Reial entwarf er Laternen.

Seine zentrale Schaffensphase reicht von 1883, als die Arbeiten an der Sühnekirche Sagrada Família begannen, bis etwa 1900. In dieser Zeit versuchte er den Historismus zugunsten eigener plastischer Strukturen zu überwinden. In diesen intensiven Jahren lernte er Eusebi Güell kennen, er entwarf den Palau Güell, einen Stadtpalast mit erstaunlicher Dachlandschaft und ungewöhnlicher Raumwirkung bei geringster Fläche. Maurische Elemente fließen genauso wie Barockes und Gotisches ein. Von 1900 bis 1917 hatte er seine innovativste und kreativste Zeit. Es entstanden die Casa Milà, der Parc Güell, die Pedrera und die Reformarbeiten an der Casa Batlló.

Von 1918 bis zu seinem tragischen Tod – er wurde von einer Straßenbahn überfahren, während er die Bauarbeiten an der Sühnekirche beaufsichtigte – war er besessen von seinem Lebenswerk Sagrada Família, an der er eine Symbiose aus Symbolismus und Funktionalität der Architektur schaffen wollte. Wenn man Gaudís Architekturverständnis interpretieren möchte, muss man wissen, dass er von tiefster Religiosität beseelt war, absolute Perfektion anstrebte und Vertreter eines starken »Katalanismus« war. Gaudí war sicher der bedeutendste Architekt Kataloniens. Er versuchte, neue Konstruktionstechniken mit traditionellem Kunsthandwerk zu verbinden, wobei die Natur stets sein Vorbild war. Er selbst sagte, die Architektur solle wie ein aufrechter Baum sein, an dem alles in Harmonie ist, die Blätter an den Zweigen, diese an den Ästen und jene am Stamm. Im Museum der Sagrada Família wird beeindruckend vorgeführt, dass sich Gaudís Gewölbekonstruktion mit einem dichten Blätterdach eines Laubwaldes vergleichen lässt. Schließlich wollte er die Gotik übertreffen und ohne Strebepfeiler auskommen! Dazu verhalf ihm ein auf den Kopf gestelltes Bindfadenmodell mit Sandsäckchen und, sein Markenzeichen, der Parabelbogen. Die scheinbare Schwerelosigkeit seiner Architektur demonstriert er mit Schildkröten, auf denen die Säulen der Weihnachtsfassade an der Sagrada Família lasten und deren Panzer davon offensichtlich nicht zerdruckt werden.

Natürlichkeit war auch bei seinen Skulpturen das Prinzip, wenn er etwa Personen an Seilen schweben ließ, um an ihnen zu studieren, wie ein Engel fliegt. Kachelscherben waren meist das farbige Element seiner Architektur, die genau wie die Natur bunt sein sollte. Die geschwungenen Formen entsprechen für ihn der natürlichsten Behausung des Menschen, nämlich einer Höhle. Und immer wieder versuchte er seine Arbeiter in den kreativen Prozess mit einzubeziehen, um eine Verbindung von Handwerk und Kunst herzustellen. Die große Bedeutung Gaudís für Katalonien ist, dass er es schaffte, den Historismus zu überwinden – im Alleingang, ohne Vorkenntnisse und Kontakt zur europäischen Avantgarde.

Aktivitäten durch Ausstellungen, Diskussionen, Vorträge, Führungen, Musik und Tanz.

Fundació Antoni Tàpies * ➡ C6
Carrer d'Aragó, 255
Metro L3, L4: Passeig de Gràcia
✆ 93 487 03 15
www.fundaciotapies.org
Die Stiftung ist im modernistischen Gebäude des früheren Verlags Montaner i Simó untergebracht. Das Bauwerk wurde von 1880 bis 1885 nach Plänen von Domènech i Montaner errichtet. Gemälde, Skulpturen sowie eine umfangreiche Bibliothek machen die Tàpies-Stiftung zu einer Kunstattraktion. Die Metallplastik auf dem Dach wurde von Tàpies eigens für das Museum angefertigt. Am 6. Februar 2012 starb Antoni Tàpies (geb. 1923 in Barcelona), Spaniens berühmtester zeitgenössischer Künstler, in seiner Heimatstadt Barcelona.

9 **Fundació Joan Miró** * ➡ E3
Av. Miramar, 71–75
Parc de Montjuïc
Metro L1, L3: Espanya, dann Bus 55, 150; Funicular ab Metrostation Paral·lel (L3)
✆ 93 443 94 70
www.fmirobcn.org
Das schneeweiße Museumsgebäude, das mit den ausgestellten Werken Joan Mirós (1893–1983) eine fantastische ästhetisch-künstlerische Einheit bildet, entwarf der bekannte katalanische Architekt Josep Lluís Sert (1902–83), ein enger Freund des Künstlers. Die Sammlung zählt 217 Gemälde, ebenso viele bildhauerische Arbeiten, das komplette druckgrafische Werk und Zeichnungen Mirós.

Museu d'Art Contemporani de Barcelona (MACBA) * ➡ D5
Plaça dels Àngels, 1
Metro L1, L2: Universitat, L1, L3: Catalunya
✆ 93 481 33 68
www.macba.es
Das blendend weiße moderne Gebäude des US-amerikanischen Architekten Richard Meier ist seit seiner Eröffnung (1995) Anziehungspunkt im ansonsten etwas abgeblätterten Viertel Raval. In seinen Räumen werden Arbeiten zeitgenössischer Künstler und in-

Die Fundació Joan Miró direkt am Fuße des Berges Montjuïc

Das Museu d'Art Contemporani de Barcelona vom US-amerikanischen Stararchitekten Richard Meier

ternationale Wanderausstellungen gezeigt, Schwerpunkt ist die zweite Hälfte des 20. Jh.

Museu Blau ➡ aC4
Plaça Leonardo da Vinci, 4–5
Parc del Fòrum
Metro L4: El Maresme-Fòrum
✆ 93 256 60 02
www.museuciencies.cat
Das »blaue« Museum liegt im Forumsgebäude der Stararchitekten Herzog & de Meuron und zeigt eine Art Biografie der Erde. Jede Disziplin der Naturwissenschaften wird angesprochen. Das Schweizer Architektenduo war federführend bei der Museumsdidaktik. 4500 Exponate besitzt die Sammlung. Ein »Wissenschafts-Nest« für Kinder bis sechs Jahre soll auch den ganz Kleinen Naturphänomene näherbringen. Für das leibliche Wohl sorgen ein Restaurant und eine Cafeteria.

Museu de Cera ➡ F5
Passatge de la Banca, 7
Metro L3: Drassanes
✆ 93 317 26 49
www.museocerabcn.com
Das Gegenstück zum Londoner Wachsfigurenkabinett Madame Tussauds. Die angeschlossene Cafeteria wirkt wie ein Zauberwald in einem Märchenfilm. Es finden auch interaktive Nachtbesichtigungen statt.

Museu del Disseny de Barcelona ➡ D9
Pl. de les Glòries Catalanes, 37–38
Metro L1: Glòries
✆ 93 256 68 00
www.dissenyhub.barcelona
Das erst im Dezember 2014 eröffnete Museumsgebäude präsentiert Sammlungen des Textil-, Keramik-, Grafik- und Kunsthandwerkmuseums. Ein tolles Forum für die Künste im futuristischen Bau neben dem 142 m hohen Torre Agbar.

Museu Diocesà ➡ E6
Pla de la Seu 7, Barri Gòtic
Metro L4: Jaume I
✆ 93 315 22 13, www.museudiocesa.esglesia.barcelona
Das neben der Kathedrale gelegene Museum war einst das Armenhaus und ist in die römische Stadtmauer integriert. Ein Teil der Ausstellung zeigt religiöse Kunst der Diözese, die Geschichte des Bischofssitzes von Barcelona

wird dokumentiert. Ein anderer Teil beherbergt Sonderausstellungen mit religiösem Bezug.

Museu Frederic Marès ➡ E6
Plaça de Sant Iu, 5
Metro L4: Jaume I
✆ 93 256 35 00
www.museumares.bcn.cat
Heiligenfiguren, Marienstatuen und eine originelle, äußerst liebenswerte »Sentimentale Abteilung« im ersten Stockwerk. Die Sammlung geht auf den Bildhauer Frederic Marès zurück.

Museu d'Història de Barcelona (MUHBA) ➡ E6
Plaça del Rei, Metro L4: Jaume I
✆ 93 256 21 00
Geschichtsmuseum der Stadt in der **Casa Padellàs**. Das aus dem 15. Jh. stammende Haus stand ursprünglich im Carrer dels Mercaders, wurde jedoch für den Bau der Via Laietana abgetragen und an der Plaça del Rei wieder aufgebaut. Es beherbergt wichtige Dokumente, zeigt römische Ausgrabungen und Ausgrabungsstücke.

Museu d'Història de Catalunya (MHC) ➡ F6
Plaça de Pau Vila, 3
Metro L4: Barceloneta
✆ 93 225 47 00
www.mhcat.net
Die informative Ausstellung zeigt originelle und interaktive Exponate zur Geschichte Kataloniens im Obergeschoss des **Palau de Mar**, einem restaurierten Lagerhaus aus dem 19. Jh. am Meer, das auch Büros und Restaurants beherbergt.

Museu Marítim (MMB) ➡ F5
Av. de les Drassanes
Metro L3: Drassanes
✆ 93 342 99 20
www.mmb.cat
Am unteren Ausgang der Rambles liegt zur Rechten der mächtige Komplex der **Werft Drassanes** aus dem 13. und 14. Jh., in der sich bequem 30 Galeeren gleichzeitig bauen ließen. Breit geschwungene Bögen mit Holzeinlegearbeiten überspannen das geräumige Innere. Neben einer bedeutenden Sammlung von Seekarten und Galionsfiguren können **Nachbauten von Kolumbus' »Santa María«** und des **Admiralschiffs von Don Juan de Austria** aus der berühmten Seeschlacht von Lepanto (1571), in der dieser über die Türken siegte, besichtigt werden.

Der Palau Nacional birgt heute das Museu Nacional d'Art de Catalunya

Museu Monestir de Pedralbes
➡ aC2
Baixada del Monestir, 9
FFCC: Reina Elisenda und Bus 75
✆ 93 256 34 34, www.monestirpedralbes.barcelona
Elisenda von Montcada, die vierte Gattin von König Jaume II., gründete 1326 dieses Kloster vor den Toren Barcelonas. In wenig mehr als einem Jahr erbaut repräsentiert es in seltener Einheitlichkeit den Höhepunkt der katalanischen Gotik. Im Inneren der Kirche ruht die Königin in einem Sarkophag mit Liegestatue. In den Ausstellungsräumen findet man Gemälde und Skulpturen aus der Gotik und dem Barock.

Höhepunkt der katalanischen Gotik: der Innenhof des Monestir de Pedralbes

8 Museu Nacional d'Art de Catalunya (MNAC) * ➡ E2/3
Palau Nacional, Parc de Montjuïc
Metro L1, L3: Espanya
✆ 93 622 03 60
www.museunacional.cat
Eintritt inkl. Dachterrasse
Seit der jüngsten Restaurierung ein idealer Rahmen für die Präsentation der weltweit einzigartigen Sammlung gotischer und vor allem romanischer Kunst. Wandmalereien und Skulpturen aus den zahllosen kleinen Kirchen der Pyrenäentäler, wo die lombardische Romanik im frühen 11. Jh. Einzug hielt und eine spektakuläre Blüte erreichte, wurden hier zusammengetragen.

Die bedeutendsten Exponate stammen aus den Kirchen Santa Maria de Taüll und Sant Climent de Taüll. In Santa Maria fällt als Zentralfigur eine kostbare sitzende Jungfrau mit Kind ins Auge, während der majestätische Christus in der Apsis der zweiten Kirche zum universalen Symbol des Museums wurde.

Seit Anfang 2005 werden hier auch die katalanischen Meister des spanischen Jugendstils des 19. und 20. Jh. gezeigt, darunter Fortuny, Rusiñol, Casas, Nonell, Gargallo und die **Sammlung Thyssen-Bornemisza** mit 78 Gemälden aus dem Mittelalter, der Renaissance und dem Barock. Das herausragendste Meisterstück ist wohl die **»Virgen de Humildad«** von Fra Angélico, daneben sind Werke von Tintoretto, Tizian und Velázquez zu sehen.

Museu Nacional d'Art de Catalunya: Jaume Huguets »Abendmahl« (um 1470)

Pablo Picasso – Lebensstationen eines Genies

»Ich suche nicht, ich finde!«, meinte Picasso über sich selbst, also den Künstler, der so viele Kunstrichtungen, Techniken und Stilentwicklungen wie kein anderer in seiner langen und umfangreichen Schaffenszeit gefunden hat und für viele der größte Künstler des 20. Jahrhunderts ist. Er kam in Málaga 1881 zur Welt, sein Vater José Ruiz Blasco war ein Zeichenlehrer. Das Wohnhaus der Familie ist heute Sitz der Picasso-Stiftung. Später siedelte die Familie nach La Coruña in Nordspanien um, weil der Vater dort eine bessere Anstellung bekam, allerdings ohne dass sich die Familie dort sehr wohl gefühlt hätte. So kam es gerade recht, dass eine Stelle an Barcelonas Kunstakademie frei wurde und man wiederum umzog.

Im Picasso-Museum in Barcelona sieht man Pablos Landschaftsstudien zu La Coruña. Er war als Kind schon so perfekt, fertigte Akademiestudien an, von denen er sagte, dass er sich dafür schämen würde, sie dürften nie gezeigt werden. Er habe sein Leben lang versucht, wieder wie ein Kind zu malen. Als er einmal Taubenfüße auf einem Gemälde seines Vaters malen durfte, waren die so genial, dass der meinte, sein sechsjähriger Sohn überträfe ihn bereits jetzt und er würde nie wieder einen Pinsel anrühren.

Als 15-Jähriger gewann Picasso nationale Malereimedaillen, wurde gewürdigt für sein Bild »Wissenschaft und Barmherzigkeit«, das dem Jugendstil und dem Historismus nahe steht. In Barcelona nahm er Kontakt mit der aufrührerischen Künstlergruppe »Els Quatre Gats« auf, die sich im gleichnamigen Lokal versammelte. Für sie schuf er Plakate im Jugendstil, die sich mit Toulouse Lautrec messen können. Aus dieser Zeit datiert seine lebenslange Freundschaft mit Jaime Sabartés – im Museum ist ihm ein eigener Saal gewidmet – und dem Maler Junyer.

Picasso war 19 Jahre alt, als er sich aufmachte, die damalige Kunsthauptstadt Paris zu erobern. Es war der Anfang der »blauen Periode«, die die Zeit von 1901 bis 1905 umfasste. Seine Bilder sind in einen melancholischen Blauton getaucht, vielleicht aus Trübsinn wegen des Selbstmords seines Freundes Casagemas, der ihn nach Paris begleitet hatte.

Um 1904, als er beim berühmten Kunsthändler Ambroise Vollard ausstellte, fühlte er sich lebhaft von der Welt des Zirkus angezogen – Themen, die er auf seine Malerei übertrug. So begann die »rosa Periode«. Seine schönsten Harlekin-Bilder entstanden. Damals lernte er die Bildhauerin Fernande Olivier kennen, mit der er eine ausgedehnte und fruchtbare Liebesbeziehung einging. Unschätzbar ist ihre literarische Beschreibung des Künstlers, der aus ihrer Sicht »klein, dunkel, korpulent, unruhig und beunruhigend war, dunkle Augen und einen unergründlichen, durchdringenden, seltsamen und fast starren Blick hatte«. Er war tatsächlich nur 1,63 Meter groß.

Museu Picasso in Barcelona

Der junge Picasso im Jahr 1904 (Fotografiert von Ricard Canals i Llambí)

Das Jahr 1907 ist innerhalb der künstlerischen Laufbahn Picassos besonders interessant und bedeutend. Er knüpfte Beziehungen zu George Braque und entwickelte den Kubismus. Für ihn ist alles in der Malerei Lüge, da Dreidimensionales auf die Fläche, die Leinwand, gebannt wird und deshalb nichts anderes als Lüge sein kann. Wenn man an die Wahrheit der Dinge kommen möchte, so müsse man sie auf ihre Urformen wie Kreis, Dreieck und Quadrat reduzieren und in die Fläche klappen. Am besten ließe sich das an afrikanischen Skulpturen studieren. 1916, mitten im Ersten Weltkrieg, lernte Picasso Sergei Djagilew und die leitenden Mitglieder des russischen Balletts kennen. Einige Jahre dauerte die Zusammenarbeit für Dekors, Kostüme und Bühnenbilder. Die große Tänzerin Olga Koklova heiratete er 1918. Aus dieser Verbindung stammt sein Sohn Paul, der später sein Chauffeur wurde. Schwiegertochter Christine stiftete unlängst das Picasso-Museum in Málaga aus dem Nachlass Picassos.

Nach Kriegsende fühlte sich Picasso von der surrealistischen Bewegung angezogen. Er schloss sich André Breton an und nahm an der ersten Ausstellung surrealistischer Malerei teil. 1935 kam es zur Trennung von Olga Koklova. Es ist das Geburtsjahr von Maya, der gemeinsamen Tochter mit Marie Thérèse Walter. Die junge Frau hatte er zufällig kennengelernt, ihre üppigen Körperformen inspirierten ihn zu verschiedenen erstaunlichen Skulpturen. Im selben Jahr stellte ihm der Dichter Paul Eluard die renommierte Fotografin Dora Maar vor, mit der er eine Zeit lang liiert war und von der er großartige Porträts anfertigte. Er druckte die »Minotauromachie« und sein Freund Sabartés wurde sein Sekretär. Im Jahr 1936 wurde er zum Leiter des Prado-Museums, eine Aufgabe, die ihn später zu vielen Variationen des Bildes »Meninas« seines Lieblingsmalers Velázquez anregte.

Von der republikanischen Regierung in Madrid erhält er 1937 den Auftrag, ein Bürgerkriegsbild für den spanischen Pavillon in der Weltausstellung von Paris anzufertigen. Nach wenigen Wochen war »Guernica« fertig, das die brutale Zerstörung der Stadt durch die Legion Condor der Nazis und die Schrecken des Krieges ausdrückt. Das Gemälde hängt mittlerweile im Reina-Sofía-Kunstzentrum in Madrid. Es sollte erst wieder spanischen Boden berühren, wenn dort Demokratie einkehrte. Zwischenzeitlich befand es sich in New York im Museum für Moderne Kunst (MoMA).

1946 lernte Picasso die Malerin Françoise Gilot kennen, die einige Zeit seine Gefährtin war. Aus dieser Liaison gingen die Kinder Claude und Paloma hervor. Als die Beziehung zu Ende war, schrieb sie ein grimmiges Buch über den Künstler. 1954 lernte Picasso Jacqueline Roque kennen, seine zweite und wesentlich jüngere Ehefrau, die den nun schon betagten Künstler, so gut es ging, von der Medienwelt abschirmte. Ab 1961 lebte das Paar in einem Landhaus in Mougins, wo der Künstler unermüdlich arbeitete, als ob er vorausfühlte, dass sein Ende nahe sei. Es entstanden über 40 Bilder der Serie »Der Maler und sein Modell«. Vom schöpferischen Fieber gepackt meinte Picasso: »Die Malerei ist stärker als ich; sie zwingt mich zu machen, was sie will.« Am 8. April 1973 verstarb Picasso in seinem Wohnsitz in Mougins.

Museu Olímpic i de l'Esport ➡ E3
Av. de l'Estadi, 60
Metro L1, L3: Espanya; Funicular ab Metrostation Paral·lel (Linien 2, 3)
✆ 93 292 53 79
www.museuolimpicbcn.cat
Museum zur Geschichte der Olympischen Spiele. Multimediainstallationen und interaktive Präsentationen informieren im ersten Olympia-Museum Europas. Doch das Museum will nicht nur informieren, hier kann man auch selbst aktiv werden und Sportarten mittels Computer ausprobieren.

5 **Museu Picasso** * ➡ E6
Carrer Montcada, 15–23
Metro L4: Jaume I
✆ 93 256 30 00
www.museupicasso.bcn.cat
Karten unbedingt online bestellen, sonst Wartezeit
Der Carrer Montcada inmitten des Altstadtviertels Ribera war im Mittelalter die bevorzugte Adresse der Aristokratie. Die Hausnummern 15–23 umfassen die **Adelspaläste Águilar, Castellet und Meca,** in denen seit 1968 das Picasso-Museum eingerichtet ist. Bauliche Prunkstücke sind der Innenhof in flammender flämischer Gotik und die herrschaftliche Etage, eine Galerie mit Spitzbögen, schlanken Säulen und kunstvollen Rosetten. Das Museum beherbergt die bedeutendste Sammlung von Picassos Jugendwerk, speziell aus seinen Barceloneser Jahren (1895–1904).

Straßen und Plätze

Carrer Petritxól ➡ E5/6
Metro L3: Liceu
Schmale, aber lebhafte Einkaufsstraße mit sehr schönen Wandkacheln und verschiedenen *granges,* einst Milchgeschäfte, in denen heute überaus köstliche katalanische Milch- und Süßspeisen serviert werden, von der *crema catalana* (Vanillecreme) bis zu *mel i mató* (Quark mit Honig).

Plaça del Pi und Plaça Sant Josep Oriol ➡ E5
Metro L3: Liceu
An diesen beiden Plätzen liegt die Kirche **Santa Maria del Pi**. Mit dem Bau dieses Gotteshauses

Der gusseiserne »Brunnen der drei Grazien« auf der Plaça Reial

wurde 1322 begonnen. Es handelt sich um einen der schönsten und repräsentativsten Kirchenbauten der katalanischen Gotik mit einer riesigen Fensterrosette. Auf den Plätzen finden an den Wochenenden ein Kunstmarkt à la Montmartre und einmal im Monat ein Naturkostmarkt statt.

Plaça del Rei ➡ E6
Metro L4: Jaume I
Gegenüber der **Casa Padellàs**, die das historische Stadtmuseum mit seinen ausgedehnten Ausgrabungen der alten Römerstadt beherbergt, erhebt sich auf romanischen Fundamenten der **ehemalige Königspalast**, der im Mittelalter den Königen der katalanisch-aragonesischen Krone als Residenz diente. Im 16. Jh. zog hier die Inquisition ein.

Links schließt sich der **Palau de Lloctinent** mit dem Archiv der Krone von Aragón an, das zu den umfangreichsten Sammlungen mittelalterlicher Dokumentenschätze zählt. Zur Rechten liegt die gotische **Kirche Santa Agata**.

Plaça Reial ➡ E5
Metro L3: Liceu
Die Plaça Reial wurde Mitte des 19. Jh. nach den Plänen des Architekten Francesc Daniel Molina i Casamajó auf den Ruinen eines Kapuzinerklosters angelegt. Der Platz ist durch mehrere Passagen mit den umliegenden engen Gassen verbunden.

Durch zwei Torbögen gelangt man in die belebte Einkaufsstraße **Carrer de Ferrán**, wo besonders schöne hängende Straßenlaternen ins Auge fallen. Im Durchgang liegt der urige Kräuterladen **El Herbolari**, in den man hineinschauen sollte.

Plaça Sant Jaume ➡ E6
Metro L4: Jaume I
Politisches Zentrum der Stadt seit der Römerzeit. Hier liegen sich

Die Arkaden-Restaurants auf der Plaça Reial sind gut besucht

das **Rathaus** und der Palau de la Generalitat, der Sitz der autonomen katalanischen Landesregierung, gegenüber. Das Innere des Rathauses, das über den prächtigen gotischen Saal des Consell de Cent verfügt, ist für Besucher nicht zugänglich.

Der **Palau de la Generalitat** stammt in wesentlichen Teilen aus dem 15. Jh. Die Hauptfassade wurde 1610 bis 1630 im Renaissancestil hinzugefügt. Das Gebäude war bis 1714 Sitz der Generalitat, der ständigen Vertretung der Ständeversammlung. Mit deren Abschaffung durch Philipp V. 1716 wurde es für zwei Jahrhunderte zum Gerichtshof.

Während der Zweiten Republik (1931–39) und ab 1977 zog erneut die autonome Regierung Kataloniens ein (Besichtigung mit Voranmeldung über www.gencat.cat an bestimmten Tagen).

1 Les Rambles/Las Ramblas
➡ D6–F5
Metro L1, L3: Catalunya, L3: Drassanes
Barcelonas berühmteste Promenade, die auf fast 2 Kilometern dem Verlauf eines ehemaligen Flussbetts folgt, beginnt an der Plaça de Catalunya und endet am Hafen vor der Kolumbussäule.

Kirchen und Klöster

Catedral ➡ E6
Plaça de la Seu
Metro L4: Jaume I
www.catedralbcn.org
✆ 93 342 82 62
Die dreischiffige gotische Kathedrale wurde 1298 begonnen und in ihren wesentlichen Teilen bis zum 15. Jh. fertiggestellt. Vorangegangen waren ihr eine frühchristliche Basilika, die 985 vom arabischen Feldherrn Almanzor zerstört wurde, und ein romanischer Dom aus dem 11. Jh. Die Hauptfassade wurde erst 1916 vollendet, nach Entwürfen des Meisters Carlí von 1408. Der Kreuzgang mit schönen Portalen und Schmiedeeisenarbeiten stammt aus dem 14. und 15. Jh. »Gehütet« wird er seit vielen Jahren von 13 Gänsen. Zum Kirchenschatz in der Sakristei gehören eine gotische Monstranz und der Silberthron des Königs Martí von um 1400.

Monestir de Pedralbes
Vgl. S. 33.

7 Sagrada Família ➡ C8
Plaça de la Sagrada Família
Metro L2, L5: Sagrada Família
✆ 93 207 30 31
www.sagradafamilia.org
Karten online bestellen, vor Ort nur begrenztes Kontingent
Der Sühnetempel Gaudís ist ein unvollendetes Jahrhundertwerk und eine immerwährende Baustelle. Obwohl die Bauarbeiten 1883 begannen, konnte nur ein geringer Teil der Pläne bis zu Gaudís Tod im Jahr 1926 verwirklicht werden. Der Bürgerkrieg machte weiteres Bauen unmöglich. Nach langem Stillstand nahm man die Arbeiten 1956 wieder auf. Inzwischen wurde die Westfassade mit der Passion Christi fertiggestellt. Die ursprünglichen Baupläne können im Museum begutachtet werden. Über Wendeltreppen oder mit einem Aufzug gelangt man auf die Spitze der Kirchtürme. In der Krypta werden die sterblichen Überreste des Baumeisters verwahrt. Weihnachtsfassade, Apsis und Krypta nahm die UNESCO 2005 in die Weltkulturerbeliste auf.

Wenn die Sonne bereits tiefer steht, fällt das Licht am schönsten durch die farbigen Fenster der Sagrada Família

4 Santa Maria del Mar ➡ F6
Plaça de Santa Maria
Metro L4: Jaume I
www.santamariadelmarbarcelona.org
Die Kirche entstand im 14. Jh., als Katalonien zu einer aufstrebenden Wirtschaftsmacht wurde. Sie war religiöser Mittelpunkt des Stadtviertels La Ribera, das damals durch den Seehandel an Bedeutung gewann. Wegen ihrer reinen Linienführung und der ausgewogenen Proportionen gilt sie als das bedeutendste Bauwerk der bürgerlichen Gotik Kataloniens.

Fantasievolle Spielerei: Fassadendetail der Casa Batlló

Architektur und andere Sehenswürdigkeiten

L'Aquàrium ➡ F6
Moll d'Espanya del Port Vell
Metro L3: Drassanes, L4: Barceloneta
✆ 93 221 74 74
www.aquariumbcn.com
Eines der größten und modernsten Aquarien in ganz Europa und sogar weltweit das bedeutendste zum Thema Mittelmeer. Mit 8000 Tieren und 300 verschiedenen Spezies in insgesamt 21 Lebensräumen.

2 La Boqueria ➡ E5
Rambla de les Flors, 91
Metro L3: Liceu
www.boqueria.barcelona
Fischmarkt nur vormittags, am besten so früh wie möglich besuchen
Der große, belebte Mercat Sant Josep, eine Jugendstil-Eisenkonstruktion, entstand um 1870 und ist das Werk des Stadtarchitekten Josep Mas i Vila. Mittlerweile ist daraus ein Delikatessenmarkt geworden, den kein Barcelona-Besucher auslässt. Im Markt wird auch gekocht, verschiedene Stände bieten sogar Degustationsmenüs an.

Casa Amatller ➡ C6
Passeig de Gràcia, 41
Metro L2, L3, L4: Passeig de Gràcia
✆ 93 461 74 60
amatller.org
Für den Schokoladenfabrikanten Amatller erbaute Puig i Cadafalch um 1900 dieses Jugendstilwohnhaus im Stil nordischer Gotik. Im Erdgeschoss gibt es einen **Laden** und **Fotoausstellungen**. Im ersten Stock ist eine **Bibliothek für Hispanistik** eingerichtet. Im Rahmen der Führung sieht man die Originaleinrichtung des Hauses.

Casa Batlló ➡ C6
Passeig de Gràcia, 43
Metro L2, L3, L4: Passeig de Gràcia
✆ 93 216 03 06
www.casabatllo.es
Karten besser online bestellen, sonst Wartezeit
Auch theatralische Führungen auf Englisch und Spanisch
Ein geradezu märchenhaft gruseliges Schmuckstück, das Antoni Gaudí mit fantasievollen Spielereien verzierte und unter das Thema des Nationalheiligen Sant Jordi, des Drachentöters, stellte. Das Wohnhaus ist bei Vollmond,

wenn das Licht über das bunte Kacheldach und die glitzernde Fassade schimmert, ein besonderes Erlebnis.

6 Casa Milà (La Pedrera, Centre Cultural Caixa Catalunya) ➡ C6
Passeig de Gràcia, 92
Metro L3, L5: Diagonal
✆ 90 240 09 73
www.lapedrera.com
Karten besser online bestellen, sonst Wartezeit
Auch Nachtführungen mit Lichtschau und Sekt
Das imposante Eckhaus, ein 1906 bis 1912 entstandenes und zur Bauzeit äußerst umstrittenes Werk Antoni Gaudís, gehört heute der Caixa Catalunya, der katalanischen Sparkasse, die sich als Kunstmäzen engagiert und einige Räumlichkeiten für Ausstellungen nutzt. Die Dachterrasse mit den skurril-schaurigen Schornsteinen kann ebenso besichtigt werden wie eine Musterwohnung, in der Gaudís Ideal, die Höhle als natürlichste Behausung des Menschen, spürbar ist. Tipp: Möglichst gleich um 9 Uhr besichtigen. Bei der Wahl zwischen Casa Batlló und Casa Milà ist der Besuch der Letzteren zu empfehlen.

Fòrum ➡ aC4
Östlich des Olympischen Dorfs, an der Mündung des Rio Besós
Metro L4: El Maresme-Fòrum
Im Rahmen dieses »Zukunftsforums« sollte über die kulturellen und sozialen Konflikte des 21. Jh., die Sicherung des Weltfriedens und nachhaltige Entwicklung diskutiert werden. Entstanden ist ein gigantischer neuer Stadtteil von mehr als 30 ha mit dem **Forum Building**, einem tiefblauen, schwebenden Dreieck mit 160 m Seitenlänge der Schweizer Architekten Herzog und de Meuron. Weitere Highlights sind ein 4000 m^2 großes **Fotovoltaik-Segel** von Elias Torres und ein riesiges **Kongresszentrum** von Josep Lluís Mateo.

Die Uferlandschaft wurde ganz neu gestaltet, eine Badeanlage stammt von Beth Galí, eine

Auf der Dachterrasse der Casa Milà

Ein schwebendes Dreieck: das Fòrum

Erlebnisbrücke und weitere Bauten wie ein Kraftwerk oder eine Müllverbrennungsanlage wurden von verschiedenen Architekten entworfen. Schon früh gab es kritische Stimmen, sei es wegen Korruptionsaffären oder wegen der völlig überzogenen Wohnungspreise. Die Sonderausstellungen haben dennoch Furore gemacht.

El Fossar de les Moreres ➡ F6
Plaça de Santa Maria
Metro L4: Jaume I
Ehemaliger Friedhof neben der Kirche Santa Maria del Mar, auf dem 1714 die Verteidiger Barcelonas gegen Philipp V. begraben wurden. 1989 gestaltete man den Platz neu. Am 11. September, dem katalanischen Nationalfeiertag, wird er zur Pilgerstätte radikaler Nationalisten.

Gran Teatre del Liceu ➡ E5
Rambla dels Caputxins, 51–59
Metro L3: Liceu
✆ 93 485 99 00, 93 485 99 14
www.liceubarcelona.cat
Barcelonas berühmtes Opernhaus, 1847 erbaut, zählt zu den größten der Welt. Hinter einer schlichten Fassade verbirgt sich ein prachtvoller Musiksaal. Nach dem verheerenden Brand im Jahr 1994 wurde die Oper wieder aufgebaut und nahm 1999 ihren Betrieb auf.

Hospital de Sant Pau ➡ B9
Sant Antoni Maria Claret, 167
Metro L5: Hospital de Sant Pau
www.santpaubarcelona.org
Ein Krankenhaus mit besonderem Reiz: Die verschiedenen Krankensäle sind innerhalb einer großen Parkanlage in kleinen Jugendstilpavillons untergebracht. Die Pläne entwarf der Architekt Domènech i Montaner 1902.

Jardins de Mossèn Costa i Llobera ➡ F4
Montjuïc
Anfahrt: Funicular ab Metrostation Paral·lel (L3), dann weiter mit der Seilbahn Telefèric
Ausgedehnter Park mit exotischen Pflanzen. Hier gedeihen über 800 verschiedene Kakteen aus Afrika, Australien und Amerika. Schön ist auch der Blick über den Hafen.

Mirador de Colom ➡ F5
Plaça Portal de la Pau s/n
Metro L3: Drassanes
✆ 93 285 38 32

Das Kolumbusmonument ist ein Werk des Architekten Gaietà Buigas, anlässlich der ersten Weltausstellung 1888 errichtet. Die 51 m hohe Säule besteht aus Stein, Eisen und Bronze und ist mit bildhauerischen Details bekannter katalanischer Skulpteure geschmückt. Zur Kuppel mit der Aussichtsplattform führt ein Fahrstuhl. Darüber steht die 7,60 m hohe Bronzestatue des Christoph Kolumbus.

Olympischer Ring/
Anella Olímpica ➡ E/F2
Montjuïc
Metro L1, L3: Espanya; Funicular ab Metrostation Paral·lel (Metrolinien 2, 3)
Umfasst das Leichtathletikstadion, den Sportpalast Sant Jordí, die Schwimmanlagen Picornell und die Sportuniversität. Rund um die Sportstätten wurde der 52 ha große Sportkomplex **Parc del Migdía** angelegt. Gegenüber dem Stadion befindet sich das **Museu Olímpic i de l'Esport**.

Palau Güell ➡ E5
Carrer Nou de la Rambla, 3–5
Metro L3: Liceu
✆ 93 472 57 71, 93 472 57 75
www.palauguell.cat
Der Palau Güell ist ein Hauptwerk Antoni Gaudís und Weltkulturerbe. Gaudí zauberte eine unglaubliche Raumwirkung auf dem beengten Baugrund. Auf dem Dach sprießen Kamine wie Pilze aus dem Boden. Die UNESCO würdigte diesen Palau und andere seiner Werke, darunter die Sagrada Família und die Casa Milà, als besonders kreative und innovative Jugendstilbauten. Im Haus ist auch ein Theatermuseum mit Requisiten und Plakaten untergebracht.

Palau de la Música Catalana ➡ E6
C/Palau de la Música, 4–6
Metro L1, L4: Urquinaona
✆ 90 247 54 85 und 93 295 72 00
www.palaumusica.org
Karten besser vorbestellen

Jugendstil-Pavillons des Hospital de Sant Pau

Ein Musiktempel im Jugendstil, entworfen vom katalanischen Architekten Domènech i Montaner. Der Palast steht auf der UNESCO-Welterbeliste. Auf der Website findet man das aktuelle Konzertprogramm.

Palau de Pedralbes ➡ bA3
Av. Diagonal, 686
Metro L3: Palau Reial
Das Palais, das 1920 durch den Anbau von Seitenflügeln in einen Palast im Neorenaissance-Stil umgewandelt wurde, liegt inmitten einer prächtigen Gartenanlage mit Blumenrabatten und altem Baumbestand. Ursprünglich war der Palast im Besitz von Eusebi Güell, der Gaudí mit der Parkgestaltung betraute, aber als er 1918 vom Königshaus den Titel eines Conde verliehen bekam, überließ er der königlichen Familie das Anwesen als Residenz für Barcelona-Besuche. Heute ist es Sitz des Generalsekretariats der Mittelmeerunion.

Parc de la Ciutadella ➡ E/F7
Metro L1: Arc de Triomf, L4: Ciutadella, Barceloneta
Die grüne Lunge der Stadt befindet sich östlich des gotischen Viertels. Neben dem Parkeingang am Passeig de Picasso steht ein großer Glaskasten, hinter dessen verwaschenen Scheiben sich Sperrmüll zu stapeln scheint: eine **Montage von Antoni Tàpies**, die Picasso gewidmet ist. An der Stelle des Parks erhob sich einst die 1715 von Philipp V. sternförmig angelegte Zitadelle, von der aus der Bourbonenkönig die aufmüpfigen Barcelonesen kontrollierte. Heute steht dort, in den Park integriert, das katalanische **Parlamentsgebäude.**

Die Parkanlage selbst entstand anlässlich der Weltausstellung von 1888. Von den EXPO-Pavillons ist noch das **Castell dels Tres Dragóns** im Modernisme-Stil von Domènech i Montaner erhalten geblieben. Gaudí schuf die große Kaskade im Park, und ein riesiger **Triumphbogen** markiert den ehemaligen EXPO-Eingang. Am Wochenende treffen sich dort Skateboard-Fahrer und Besucher, die in den **Zoo** wollen, der sich ebenfalls in dem Park befindet.

Detail des Palau Güell, des von Gaudí für seinen Gönner Eusebi Güell entworfenen Stadthauses

10 Parc Güell ➡ cA/cB2
Carrer Olot
Metro L3: Lesseps; Bus 24, 94, Bus Turístic ruta norte (rot)
✆ 902 20 03 02
www.parkguell.cat
Besser online buchen
Antoni Gaudí entwarf die 20 ha große Gartenanlage für den Grafen Güell, seinen langjährigen Freund und Förderer. Die Bauarbeiten dauerten von 1900 bis 1914. Eine Gartenstadt mit 60 Wohneinheiten sollte es werden, doch Gaudí hat nicht eine davon verkauft und so wurde daraus ein öffentlicher Stadtpark. Im **Musterhaus**, dem einzigen verwirklichten Projekt, lebte der Architekt und einge-

fleischte Junggeselle selbst über 20 Jahre lang. Seine Wohnung ist heute ein Museum im Park.

Der Parc Güell liegt nördlich hoch über der Stadt, Panoramablick auf Barcelona inklusive. Er wurde nach Gaudís Mäzen Eusebi Güell benannt und ist seit 1984 UNESCO-Weltkulturerbe.

Gleich am Eingang begrüßt den Besucher eine überdimensional große **Python**, sozusagen als Parkwächter. Daneben stehen zwei Häuschen wie im Märchen-

Aussichtsplattform im Parc Güell

wald, mit zart schimmerndem Schuppengeflecht aus Kacheln und wogenden Dächern. Ein keramiküberzogener Treppenaufgang führt zu einer gewaltigen **Plattform** mit einer schlangenförmig gewundenen Bank. Ein Keramikmosaik aus bunten und gläsern schimmernden Kachelstückchen wurde dort wie auf einem abstrakten Bild nach Anweisung Gaudís angebracht. Ein Ort der Begegnung und Verschmelzung von Kunst, Handwerk und Natur.

Parc Zoològic de Barcelona ➡ F7
Parc de la Ciutadella
Metro L1: Arc de Triomf, L4: Barceloneta, Ciutadella/Vila Olímpica
✆ 93 706 56 56
www.zoobarcelona.cat
Online günstiger
In dem seit 1892 bestehenden Zoo finden sich auch mehrere Jugendstilskulpturen, wie die Dame mit dem Regenschirm, die an Mary Poppins erinnert. 5500 verschiedene Säugetiere bevölkern den Zoo. Zudem gibt es eine Vogelvoliere, ein Terrarium und ein Aquarium.

Pavelló Mies van der Rohe ➡ D2
Av. Francesc Ferrer i Guàrdia, 7
Metro L1, L3: Espanya
✆ 93 215 10 11
www.miesbcn.com
Mies van der Rohe baute 1929 den deutschen Pavillon anlässlich der Weltausstellung. In den 1980er Jahren rekonstruiert zeigt er im Inneren das Mobiliar, das damals Furore machte und heute immer noch kopiert wird. Man denke nur an seine Sessel, die aus keinem Arztwartezimmer mehr wegzudenken sind.

Poble Espanyol ➡ D/E2
Av. Marquès de Comillas, 13
Metro L1, L3: Espanya; Bus 13, 61 und Gratis-Bus ab Plaça d'Espanya
✆ 93 508 63 00
www.poble-espanyol.com
Online günstiger
Das »Spanische Dorf« vermittelt einen Überblick über die wichtigsten spanischen Baustile und vereinigt Reproduktionen bekannter Bauwerke aus allen Teilen der Iberischen Halbinsel. Auf dem Gelände gibt es Restaurants, Discos und Shows. Die spanische Miniwelt geht auf die EXPO von 1929 zurück und ist tagsüber ein Vergnügungspark für Familien, abends dominieren die Disco-Besucher. Die nachgebildeten Stadtmauertürme der kastilischen Stadt Ávila am Eingang sind eine Art Wahrzeichen Barcelonas geworden.

Die Kirche Sagrat Cor und der Vergnügungspark auf dem Tibidabo

Schillernd wie die Haut eines Reptils: die Fassade des Torre Agbar/Torre Glòries

Temple d'August ➡ E6
Carrer Paradís, 10, Metro L4: Jaume I
Eintritt frei
Im Innenhof eines Altstadthauses stehen vier korinthische Säulen des Augustustempels (1. Jh.). Ein Plan an der Wand erläutert, dass sich hier das Forum Romanum befand. Die römischen Tempelreste sind ins Gebäude des Centre Excursionista integriert, ein spanisches Pendant zum Alpenverein und Ort des Widerstands während der Franco-Zeit.

Tibidabo ➡ aB2
FGC L7: Av. Tibidabo, dann Tramvia Blau bis zur Tibidabo-Zahnradbahn oder Tibibús ab Plaça de Catalunya (Anfahrt vgl. auch S. 69)
www.tibidabo.es
Neben dem Montjuïc der zweite Hausberg Barcelonas. Sehenswürdigkeiten sind die **Kirche Sagrat Cor**, der **Vergnügungspark** und der avantgardistische **Funkturm** von Norman Foster. Herrlicher Blick über die Stadt aus über 518 m Höhe. Der Name leitet sich aus dem Lateinischen *tibi dabo* ab (»Ich werde dir geben«) und bezieht sich auf die Versuchungen, denen Christus nach dem Matthäus-Evangelium ausgesetzt war. Die Herz-Jesu-Kirche wurde Ende des 19. Jh. errichtet.

Torre Agbar/Torre Glòries ➡ D9
Plaça de las Glòries, Av. Diagonal, Ecke Carrer de Badajoz
Metro L1: Glòries
32 Stockwerke und 142 m Höhe zählt das neueste architektonische Highlight Barcelonas. Kein Geringerer als Jean Nouvel schuf diese überdimensionierte Zigarre mit einer wie die Haut eines Reptils schillernden Fassade. Dieser faszinierende Effekt entsteht durch eine raffinierte Konstruktion: Die Fassade, in der 4400 Fensteröffnungen unregelmäßig platziert sind, wurde in 40 Farben lackiert. Darüber gestülpt ist eine Glashaut aus 60000 Lamellen, die das Bauwerk je nach Lichteinfall mit Reflexen und Farbverläufen überziehen. Die Planer huldigen damit auch Antoni Gaudí. Auftraggeber war die Wassergesellschaft Agua de Barcelona, die der Stadt ein Symbol des 21. Jh. stiften wollte. ■

Übernachten
Hotels und Apartments

Barcelona ist ein teures Pflaster, und das merkt man auch an den Hotelpreisen. Bei der Zimmerwahl ist unter Umständen ein Blick in den Innenhof zu bevorzugen, wenn man wirklich Ruhe sucht und nicht von Straßenlärm oder feiernden Barcelonesen gestört werden will. Bei den Hoteleinrichtungen spürt man, dass in dieser Stadt viele Designer zu Hause sind. Altmodisch plüschige Unterkünfte sind eher selten.

Am Strand zwischen Yacht- und Olympiahafen verteilen sich die allerteuersten Hotels, am schicksten sind diejenigen am Passeig de Gràcia. Einfache Pensionen mit hellhörigen Wänden liegen in und um das gotische Viertel. Vor einigen Jahren war es noch möglich, eine Wohnung oder ein Zimmer in einer WG oder bei einer Gastfamilie zu mieten, doch wegen der zahllosen Apartments für Touristen, die meisten davon illegal, wohnen immer weniger Einheimische im Zentrum. Nicht selten sieht man an Balkonen Plakate mit der Aufschrift SOS.

In Barcelona zahlen die Gäste neben der regionalen Kurtaxe (je nach Unterkunft € 1,70–3,50) zusätzlich einen Stadtzuschlag (€ 3,25).

Die folgenden Preiskategorien gelten für ein Doppelzimmer pro Nacht. Die Hotels sind absteigend nach Kategorien sortiert und innerhalb dieser alphabetisch.

€ – bis 130 Euro
€€ – 130 bis 160 Euro
€€€ – 160 bis 190 Euro
€€€€ – 190 bis 220 Euro
€€€€€ – über 220 Euro

Das Gourmet-BistrEau von Ángel León im Hotel Mandarín Oriental

Hotels

Arts Barcelona ➡ F8
Carrer de la Marina, 19–21
08005 Barcelona
Metro L4: Ciutadella
✆ 93 221 10 00
www.hotelartsbarcelona.com
Derzeit die erste Adresse der Stadt. Im Spa in der 43. Etage schwebt man quasi über dem Meer. Die Zimmer sind geräumig und haben riesige Fenster, durch die man den spektakulären Blick auf das Meer genießen kann. Im ersten Stock betreibt Starkoch Sergi Arola ein gleichnamiges Restaurant. Und die Enoteca im selben Haus hat sogar zwei Michelin-Sterne! €€€€€

Casa Camper ➡ E5
Carrer d'Elisabets, 11
08001 Barcelona
Metro L1, L3: Catalunya
✆ 93 342 62 80
www.casacamper.com
Boutique-Hotel in modernem Design, das der mallorquinischen Schuhfirma Camper gehört. Auf Ökologie wird in diesem Haus großen Wert gelegt, z. B. in Form von Mülltrennung. Die Zimmer

An der Playa de Somorrostro: das Arts Barcelona in einem Wolkenkratzer (links), davor die Skulptur »Peix« von Frank O. Gehry

sind unter anderem mit einer Hängematte ausgestattet. Praktisch ist der hoteleigene Fahrradverleih. €€€€€

Hotel Majèstic ➡ C6
Passeig de Gràcia, 68
08007 Barcelona
Metro L2, L3, L4: Passeig de Gràcia
✆ 93 488 17 17
www.hotelmajestic.es
Ein elegantes Hotel mit Glamour und Fitnesseinrichtungen sowie großem Spa-Angebot. Dachterrasse mit Aussicht und angenehmer Snack-Bar. Im Restaurant sorgt Sternekoch Nandu Jubany für unvergessliche Menüs zwischen kreativer und traditioneller Küche. €€€€€

Hotel Mandarín Oriental ➡ C/D6
Passeig de Gràcia, 38
08007 Barcelona
Metro L2, L3, L4: Passeig de Gràcia
✆ 93 151 88 88
www.mandarinoriental.com
Ein Grand-Hotel mit großem Spa, Dachterrasse, eleganter weißer Einrichtung und edlem Restaurant. Man blickt auf die Casa Batlló oder in den Mimosengarten. €€€€€

Hotel Neri ➡ E6
Carrer Sant Sever, 5
08002 Barcelona, Metro L3: Liceu
✆ 93 304 06 55
www.hotelneri.com
Die Dachterrasse hoch über dem gotischen Viertel ist ein Traum. Die Zimmer sind in jedem Stockwerk anders gestaltet, die Einrichtung ist avantgardistisch modern. Das Haus selbst ist ein Stadtpalast aus dem 18. Jh. mit einem lauschigen kleinen Restaurant. €€€€€

Sir Victor ➡ C6
Carrer del Rosselló, 265
08008 Barcelona
Metro L2, L3, L4: Passeig de Gràcia
✆ 93 271 12 44, www.sirhotels.com
Ein relativ neues Hotel, in dem sich die Schickeria Barcelonas gern sehen lässt. Das Besondere ist die Lage neben der Casa Mila von Gaudí, deren Dachgebilde man vom Rooftop des Hotels aus bewundern kann. €€€€€

Casa Fuster ➡ B6
Passeig de Gràcia, 132
08008 Barcelona
Metro L3, L5: Diagonal
✆ 93 255 30 00
www.hotelcasafuster.com

Die Jugendstilfassade der Casa Fuster

Die Casa Fuster ist eines der prominenten Jugendstilgebäude der Stadt. Es stammt von Domenèch i Montaner und wurde 2004 als Hotel eröffnet. Es gehört zu den »Leading Hotels of the World«. Trotzdem kann man Glück haben und eines der 66 Zimmer zum erschwinglichen Preis erwischen. Die Jazz-Bar im Wiener Café (jeden Donnerstag Konzert) und die Dachterrasse lohnen einen Besuch. €€€–€€€€

HCC Regente ➡ E5
Rambla de Catalunya, 76
Metro L2, L3, L4: Passeig de Gràcia
✆ 93 487 59 89
www.hcchoteles.com
Authentisches Modernisme-Haus von 1913. Die Fassade allein ist ein Postkartenmotiv. 79 große Zimmer zwischen Uni und Casa Batlló. Auf dem Dach befindet sich ein Swimmingpool. €€€–€€€€

Hotel Silken Ramblas ➡ E5
Carrer del Pintor Fortuny, 13
08001 Barcelona
Metro L1, L3: Catalunya
✆ 93 269 11 26
www.hoteles-silken.com
Direkt an den Rambles gelegen und trotzdem ruhig. Auf dem Dach gibt es einen kleinen Swimmingpool. €€€–€€€€

Aparthotel Silver ➡ A6
Carrer Bretón de los Herreros, 26
08012 Barcelona
Metro L3: Fontana
✆ 93 218 91 00
www.hotelsilver.com
Ein familiär geführtes Hotel, in dem man unter verschiedenen Zimmerkategorien wählen kann, z. B. mit Terrasse und Küche. Mit der Metro gelangt man in ca. 10 Minuten ins Zentrum. Die Einrichtung ist modern und komfortabel. €€€

H10 Racó del Pi ➡ E5
Carrer del Pi, 7, 08002 Barcelona
Metro L3: Liceu
✆ 93 342 61 90
www.h10hotels.com
An einem der schönsten und lauschigsten Plätze Barcelonas. Das Gebäude stammt aus dem 18. Jh. und bewahrt alte Strukturen. Auf den Zimmern gibt es gratis Internet. Die Einrichtung ist funktional modern. €€€

NH Podium ➡ D7
Carrer de Bailén, 4–6
08010 Barcelona

Metro L1: Arc de Triomf
✆ 93 265 02 02
www.nh-hoteles.com
In nächster Nähe zum Designviertel am Passeig de Born und am Picasso-Museum. Swimmingpool auf dem Dach, komfortable Zimmer, Designausstattung und gutes Hotelrestaurant, vorzügliches Frühstück. €€€

Cristal Palace ➡ D6
Carrer de la Diputació, 257
08007 Barcelona
Metro L1, L3: Catalunya
✆ 93 487 87 78
www.eurostarshotels.com
Nur fünf Gehminuten von der Plaça de Catalunya in bester Umgebung. Die Zimmer im achten und neunten Stock haben Terrassen, einige Badezimmer sind mit Whirlpool ausgestattet. €€–€€€

Hotel Jazz ➡ D5
Carrer de Pelai, 3, 08001 Barcelona
Metro L1, L2: Universitat
✆ 93 552 96 96
www.hoteljazz.com
Moderne Einrichtung klarer Linien. Ein Swimmingpool befindet sich auf dem Dach. €€–€€€€

Banys Orientals ➡ E6
Carrer de l'Argenteria, 37
08003 Barcelona
Metro L4: Jaume I
✆ 93 268 84 60, hotelbanysorientals.com-hotel.com/de
Im Ausgehviertel Born mit modernem Design eingerichtet. Mehrfach preisgekrönt für sein Verhältnis von Preis zu Qualität. €€

Chic & Basic ➡ E7
Carrer de la Princesa, 50
08004 Barcelona
Metro L4: Jaume I, L1: Arc de Triomf
✆ 93 295 46 52
www.chicandbasic.com
Liegt in nächster Nähe zum Picasso-Museum und dem Ciutadella-Park. Designermöbel und alles in Weiß. €

El Jardí ➡ E5/6
Plaça Sant Josep Oriol, 1
08002 Barcelona, Metro L3: Liceu
✆ 93 301 59 00
www.eljardi-barcelona.com
Ein einfaches Hotel am herrlichen Pi-Platz, mit viel Atmosphäre. €

Hotel Call ➡ E6
Carrer de l'Arc de Sant Ramon del Call, 4
08002 Barcelona
Metro L4: Jaume I
✆ 93 302 11 23
www.hotelcall.es
Saubere Zimmer und freundliche Vermieter, gleich bei der Generalitat, in einer sicheren und ruhigen Ecke. €

Peninsular ➡ E4
Carrer de Sant Pau, 34
08001 Barcelona
Metro L3: Liceu
✆ 93 302 31 38
www.hotelpeninsular.net
Nur einen Stern hat das preiswerte Schmuckstück in der Altstadt. Rechtzeitig reservieren. €

Roma Reial ➡ E5
Plaça Reial, 11
08002 Barcelona
Metro L3: Liceu
✆ 93 302 03 66
www.hotel-romareial.com
Einige Zimmer haben Blick auf den Platz. Bescheidene Pension, aber im Rummel des Zentrums. €

Apartments

Uma Suites Pau Claris ➡ D6
Carrer de Pau Claris, 72–1
08010 Barcelona
Metro L2, L3, L4: Passeig de Gràcia
✆ 603 50 88 46
www.umasuites.com
Eine beliebte Luxuspension, in der man sich wie zu Hause fühlt. Es gibt auch Suiten und Apartments mit Küche an verschiedenen Orten in der Stadt. €€ ■

Essen und Trinken
Restaurants und Cafés

Internationale oder mediterrane Küche, Nouvelle Cuisine oder Hausmannskost aus Katalonien und allen anderen spanischen Regionen: In Barcelona haben Sie die Qual der Wahl. Akzente setzte Ferrán Adrià mit seiner Molekularküche, der mehrmals in Folge zum besten Koch der Welt gekürt worden ist. In vielen Restaurants versucht man seine Ideen nachzuahmen und kombiniert Ungewöhnliches wie etwa Salat und Eis.

Die edelsten Restaurants der Stadt richteten sich in den feinsten Hotels entlang des **Passeig de Gracià** ➡ C/D6 ein. Am **Hafen Port Vell** ➡ F5/6 findet man eher traditionelle Fischlokale, wo man nicht versäumen sollte, einmal eine *fideuà* zu probieren, eine Nudelpfanne, einer Paella ähnlich, nur eben nicht mit Reis, sondern mit Nudeln zubereitet. In den Traditionslokalen in der **Altstadt** ➡ D–F5–7 steht bestimmt auch die *butifarra* auf der Karte, Kataloniens berühmte Wurst aus Schweinefleisch und Gewürzen. Und fast überall reicht man zu den Speisen Weißbrot mit zerdrückter Tomate, Knoblauch und Öl, das *pa amb tumàquet*.

Für den Hunger zwischendurch bieten sich die baskischen Tavernen an, von denen es immer mehr in Barcelona gibt, wie z. B. Sagardi bei der Kirche Santa Maria del Mar oder Irati an der Pi-Kirche. Am Tresen findet man eine Vielzahl appetitlich dekorierter Canapés, sogenannte *pintxos*. Man bedient sich selbst und am Schluss werden die Spießchen der Pintxos gezählt, nach deren Anzahl man bezahlt. Das katalanische Nationalgetränk *cava*, also Sekt, passt vorzüglich dazu und gibt es auch in jedem Lokal im offenen Ausschank.

In der Regel besteht ein Essen aus einem Aperitif am Tresen und drei Gängen, d. h. Vorspeise, Hauptgericht und Dessert. Zur Mittagszeit (13–16.30 Uhr) wird in fast allen Restaurants ein festes Mittagsmenü zu günstigen Preisen angeboten. Mittags und abends (meist 20.30 bis 24 Uhr) können Sie Ihr Menü individuell zusammenstellen.

Die folgende Restaurantliste ist in Preislagen unterteilt, dabei beziehen sich die Preise auf ein Menü inklusive Getränk. Beachten sollte man, dass im Juli oder im August viele Lokale wegen Betriebsferien geschlossen haben. Die Adressen sind innerhalb der Unterkategorien alphabetisch sortiert.

Untere Preislage:
bis 35 Euro
Mittlere Preislage:
35 bis 50 Euro
Höhere Preislage:
50 bis 80 Euro
Oberste Preislage:
über 80 Euro

Restaurants

Untere Preislage:

Bar Celta Pulperia ➡ F6
Carrer de Simó Oller, 3
Metro L4: Jaume I
✆ 93 315 00 06
www.barcelta.com
Eines der besten Restaurants für kleine Häppchen *(tapas)*. Besonders lecker sind die Seekraken *(pulpo)* und der galizische Weißwein.

Bar Pinotxo ➡ E4
Mercat de Sant Antoni, 18–21
Metro L2: Sant Antoni
✆ 93 317 17 31
www.pinotxobar.com

Pinotxo (der Besitzer hatte eine lange Nase) war die berühmte Bar im Boqueria-Markt, an der selbst Sterne-Köche Tapas probierten. Inzwischen ist der Besitzer gestorben und die Bar in den weniger überlaufenen Sant-Antoni-Markt umgezogen. Dort ist mehr Platz und die Tapas schmecken so gut wie vorher.

Can Punyetes ➡ A5
Carrer de Marià Cubí, 189
Metro L5: Hospital Clínic
✆ 93 200 91 59
www.canpunyetesbarcelona.com
Abends bilden sich vor der Eingangstür lange Warteschlangen. Das Erfolgsrezept: üppige Salatteller und auf dem offenen Holzfeuer zubereitete Grillgerichte. Inzwischen gibt es drei Can-Punyetes-Lokale in der Stadt. Die beiden anderen sind in der Carrer de Francisco Giner, 8–10 und in der Carrer de la Ciutat de Balaguer, 50.

Ciudad Condal ➡ D6
Rambla de Catalunya, 18
Metro L1, L3: Catalunya
✆ 93 318 19 97
»Montaditos« heißen die belegten Baguette-Scheiben, die sich hinter der Vitrine türmen. Man kann am Tresen essen oder im Restaurant. Reservierungen sind nicht möglich, also zeitig dort sein.

El Xampanyet ➡ E6
Carrer de Montcada, 22
Metro L4: Jaume I
✆ 93 319 70 03
www.elxampanyet.es
Kleine, 1929 gegründete Cava-Kneipe gegenüber dem Picasso-Museum, in der neben Sekt Sardellen die Spezialität sind. Selbst der König war hier schon zu Gast.

La Flauta ➡ C6
Rambla de Catalunya 91
Metro L3, L5: Diagonal
✆ 93 487 89 42
www.cincojotas.es

Im La Flauta gibt es spanische Tapas, Meeresfrüchte, Fisch und Fleisch zu vernünftigen Preisen. Günstiges Mittagsmenü! Das Traditionslokal ist kürzlich hierher umgezogen.

La Lluna ➡ E6
Carrer de Santa Anna 20
Metro L1, L3: Catalunya
✆ 93 342 44 79
www.lallunarestaurant.com
Kreative Küche und traditionelle Gerichte im Jugendstilambiente. Trotz der Nähe zu den Rambles auch bei Einheimischen beliebt.

La Vinya del Senyor ➡ F6
Plaça Santa Maria, 5
Metro L4: Jaume I
✆ 93 310 33 79
In der kleinen Vinothek kann man edelste Tropfen auch im offenen Ausschank degustieren. Dazu passend findet man Tapas auf der Speisekarte. Sehr gute Käseauswahl! Mit Terrassenbetrieb.

Mittlere Preislage:

Agua ➡ G7
Passeig Marítim de la Barceloneta, 30, Metro L4: Ciutadella
✆ 93 225 12 72
www.grupotragaluz.com
Ein Designerrestaurant im indonesischen Stil mit kreativer Küche, direkt am Strand und mit Terrasse. Auch *Bar de copas* und Tapas im Eingangsbereich.

Agut ➡ F6
Carrer dE'n Gignàs, 16
Metro L4: Jaume I, Barceloneta, L3: Drassanes
✆ 93 315 17 09

Traditionelles Speiselokal mit katalanischer Küche. Immer gut besucht.

Amaya ➡ F5
Rambla de Santa Mònica, 20
Metro L3: Liceu
✆ 93 302 10 37
www.restauranteamaya.com
Katalanische und baskische Küche, umfangreiche Karte und freundliche Bedienung sind seit 75 Jahren das Erfolgsrezept dieses Lokals, das bei Einheimischen und Touristen gleichermaßen beliebt ist.

Els Quatre Gats ➡ E6
Carrer Montsió, 3
Metro L1, L3: Catalunya, L1, L4: Urquinaona
✆ 93 302 41 40
www.4gats.com
Café und Restaurant mit bewegter Vergangenheit (vgl. S. 15, 34). Katalanische Küche in Jugendstil-ambiente.

Los Caracoles ➡ F5
Carrer dels Escudellers, 14
Metro L3: Drassanes
✆ 93 301 20 41
www.loscaracoles.es
Lautstarkes Ambiente, Gitarrenbegleitung, schöne Dekoration, einfache Küche ohne Raffinessen. Am besten, Sie teilen sich zu zweit eine Fisch- oder Fleischplatte. Touristisch, aber urig eingerichtet.

Tapas, die kleinen köstlichen Appetithäppchen, werden auch in Barcelona gerne zusammen mit einem Glas Wein genossen

Moncho's de Barcelona/Marina Bay ➡ G8
Calle de la Marina, 19
Metro L4: Ciutadella-Vila Olimpica
✆ 93 221 15 14
www.monchos.com
Als Kreuzfahrtschiff gestaltetes Restaurant mit angeschlossener empfehlenswerter Tapasbar. Exzellentes Vorspeisenbuffet mit großer Auswahl an Meeresfrüchten, Salaten, Suppen, Gemüse, Reis- und Nudelgerichten. Das Marina Bay befindet sich neben dem Arts-Hotel am Port Olímpic. Im Zentrum gibt es noch weitere Lokale der Kette Moncho.

Oleum ➡ E2
Parc de Montjuïc, s/n
Metro L1, L3: Espanya
✆ 93 289 06 79
Reservierung empfohlen
Eine unübertreffliche Atmosphäre: Man sitzt mit Blick über die Stadt in einem reich dekorierten Saal des Palau Nacional im MNAC-Museum. Die Küche ist modern und üppig: schwarze Lasagne oder Pilzcreme mit Foie.

Pepito ➡ C6
Passatge de Domingo, 3
Metro L3: Diagonal
✆ 93 250 67 25
www.pepitorestaurante.com
Gehobene katalanische Küche zu günstigen Preisen. Elegante, gemütliche Einrichtung und in der Nähe von Gaudis Pedrera.

Höhere Preislage:

Can Majó ➡ G6
Carrer de l'Almirall Aixada, 23
Metro L4: Barceloneta
✆ 93 221 54 55
www.canmajo.es

Das Restaurant »Los Caracoles« bietet einfache katalanische Gerichte

In diesem Restaurant im alten Hafenviertel Barceloneta, lichtdurchflutet mit nautischer Dekoration, gibt es hervorragende Meeresfrüchte und delikate Reisplatten. Die *paella de mariscos* und die *fideuà* (Nudelpaella) sind ein Traum.

Capet ➡ E6
Carrer Cometa, 6
Metro L4: Jaume I
✆ 93 720 44 21
www.capetrestaurant.com
Bistro-Stil mit hohen Tischen. Man kann à la carte essen, aber auch ein kleines oder großes Menü wählen. Unglaublich zentral in einer Gasse in der Nähe des Rathauses gelegen.

El Asador de Aranda ➡ aB2
Av. de Tibidabo, 31
FGC L7: Av. Tibidabo
✆ 93 417 01 15
www.asadordearanda.com
In einem Jugendstilwohnhaus einer reichen katalanischen Familie wird heute knuspriger Lammbraten nach kastilischer Art serviert. Eine Speisekarte brauchen Sie nicht zu studieren, denn der Kellner kümmert sich rührend um Ihr Wohl und bringt in regelmäßigen Abständen alles auf den Tisch, was Küche und Keller zu bieten haben.

La Venta ➡ aB2
Plaça del Dr. Andreu
FGC L7: Av. Tibidabo, dann Bus 196: Plaça del Doctor Andreu
✆ 93 212 64 55
www.restaurantelaventa.com
Ein wunderschönes Gartenlokal im Gaudí-Stil auf halber Höhe des Tibidabo gleich neben der Zahnradbahn. Im Winter wärmt der offene Kamin das Lokal. Frische Saisonküche, Spezialität Thunfisch. Reservieren Sie unbedingt einen Tisch im kleinen Restaurant **»El Mirador«**, dort sitzen Sie tatsächlich auf einem Aussichtspunkt mit traumhaftem Blick über die Stadt.

Mont Bar ➡ D5
Carrer de la Diputació, 220
Metro L1: Universitat
✆ 933 23 95 90
www.montbar.com
Im Uni-Viertel. Große Weinkarte und ein junges Team, das auf Naturprodukte aus den Bergen setzt. Kreative und traditionelle Gerichte. Trotz Michelin-Stern erschwinglich.

Nairod ➡ C5
Carrer de Aribau, 141
Metro L3: Diagonal
✆ 93 808 92 60
Funktionale Einrichtung im Bistro-Stil. Erstklassige Produkte mit Schwerpunkt Wildgerichte, je nach Saison: Hirsch, Rebhuhn, Täubchen.

Set Portes ➡ F6
Passeig d'Isabel II, 14
Metro L4: Barceloneta
✆ 93 319 30 33
www.7portes.com
150 Jahre alt, eine Mischung aus Pariser Brasserie und geräumigem katalanischem Speiselokal. Großzügig sind auch die Portionen bemessen. Reisgerichte, täglich anders, gehören zu den Spezialitäten des Hauses, in dem auch der spanische König schon zu Gast war. Wer hier sonst noch alles gespeist hat, steht auf kleinen goldenen Schildern an der Wand. Ein Mythos ist die *paella parellada*. Am Abend wird Livemusik geboten.

Tragaluz ➡ C6
Passatge de la Concepció, 5
Metro L3, L5: Diagonal
✆ 93 487 06 21
www.grupotragaluz.com/tragaluz
Das Designerlokal ist in drei Bereiche geteilt: japanische, schnelle und mediterrane Küche.

Windsor ➡ B5
Carrer de Còrsega, 286
Metro L3, L5: Diagonal
✆ 93 237 75 88
www.restaurantwindsor.com
Katalanische und internationale Küche frisch vom Markt im eleganten Ambiente.

Oberste Preislage:

ABaC ➡ aC2
Av. del Tibidabo, 1
FGC L7: Av. Tibidabo
✆ 93 319 66 00
www.abacbarcelona.com
Nur mit Reservierung!
Das ABaC, geführt von Jordi Cruz, ist mit drei Michelin-Sternen ausgezeichnet. Zur Spitzengastronomie gehören ein Hotelbetrieb und ein Spa. Minimalistisch und kreativ kann man im Lokal oder auf der Terrasse speisen.

Botafumeiro ➡ B6
Carrer Gran de Gràcia, 81
Metro L3: Fontana
✆ 93 218 42 30
www.botafumeiro.es
Original galizische Küche mit vielen und stets frischen Meeresfrüchten.

Disfrutar ➡ B4
Carrer Villarroel 163
Metro L5: Hospital Clínic
✆ 93 348 68 96
www.disfrutarbarcelona.com
Reservierung empfohlen
Drei junge Köche und Schüler des inzwischen geschlossenen Avantgarde-Restaurants El Bulli zaubern kulinarische Kreationen nach dem Motto »Disfrutar« (= Genießen). Ästhetik bestimmen Teller und Lokal.

Gaig ➡ B4
Carrer Corcèga, 200
Metro L3, L5: Diagonal
✆ 93 453 20 20
www.restaurantgaig.com
Restaurant mit spektakulärer Entwicklung, das sich inzwischen unter die besten einreiht. Traditionelle katalanische Küche, viel-

versprechende Kreationen, z. B. Wildfasan mit Foie gras.

Lasarte ➡ D6
Carrer Mallorca, 259
Metro L4: Passeig de Gracia
✆ 93 445 32 42
www.restaurantlasarte.com
Drei Sterne zieren das Restaurant des Basken: Martin Berasategui. Er ist einer der besten Küchenchefs der Welt und das Lasarte ein Ableger des Mutterhauses im Norden Spaniens.

Cafés

Bar del Convent ➡ E7
Carrer del Commerç, 36
Metro L4: Jaume I
✆ 93 256 50 17
In einem aufgelassenen gotischen Kloster, mit Tischen im Kreuzgang. Es liegt in der Nähe des Picasso-Museums.

Bracafé ➡ D6
Carrer del Comte d'Urgell, 35
Metro L1, L3: Catalunya
✆ 685 92 52 69
www.bracafe.com
Spaziergänger, Büroangestellte, Verkäuferinnen und Schuhputzer lassen sich hier echten brasilianischen Kaffee schmecken.

Café de l'Òpera ➡ E5
La Rambla, 74
Metro L3: Liceu
✆ 93 317 75 85
www.cafeoperabcn.com
Traditionelles Kaffeehaus im Stil der Jahrhundertwende dekoriert, gegenüber der Liceu-Oper. Hemingway lässt grüßen!

Café Zürich ➡ E6
Plaça de Catalunya, 1, Ecke Carrer de Pelai
Metro L1, L3: Catalunya
✆ 93 317 91 53
Das große Straßencafé ist ein beliebter Treffpunkt und Ausgangspunkt für den Rambles-Spaziergang.

Fisch und Meeresfrüchte gehören zur katalanischen Regionalküche

Granja Viader ➡ E5
Carrer de Xuclà, 4–6
Metro L3: Liceu
✆ 93 318 34 86
www.granjaviader.cat
Milchbar mit blitzblanken Marmortischen, in der man auch lecker frühstücken kann. Zu den Spezialitäten gehören viel Schlagsahne, Vanillecreme, heiße Schokolade, Milchreis und Torten. Weitere *granges* liegen im und um die Carrer Petritxól.

Mesón del Café ➡ E6
Baixada de la Llibreteria, 16
Metro L4: Jaume I
✆ 93 315 07 54
Winzige Kaffeestube, im Ausschank extra starker Kaffee, gern mit etwas Cognac, sowie andere Kaffeespezialitäten. ■

Nightlife
Bars, Musiklokale und Diskotheken

Nach 1980 explodierte das Nachtleben Barcelonas geradezu. Neben Revuetheatern schossen unzählige Diskotheken und Musikbars aus dem Boden. Das Designfieber machte sich auch hier breit und drang bis in die Toilettenräume vor, die manchmal die ausgefallensten Räumlichkeiten der Etablissements sind. Zentren der *movida* sind die **Diagonal** ➡ B5–C6 zwischen den Straßen Pau Claris und Aribau, die Gegend um die **Plaça Francesc Macià** ➡ B4, die **Straßen Aribau und Muntaner** ➡ B–D5 unterhalb der Diagonal sowie das **Poblenou** ➡ östl. F9 in der Nähe des Olympischen Dorfs.

Entspannter und ruhiger geht es in den Gärten und Terrassencafés des **Tibidabo** ➡ aB2 und des **Poble Espanyol** ➡ D/E2 zu. Im Frühling und Sommer wälzt sich halb Barcelona durch die zahlreichen Cocktailbars der **Terrassen am Moll d'Espanya** ➡ F6, am **Port Olímpic** ➡ F/G8 und im **Maremagnum** ➡ G5/6. Typisch katalanische Musik sucht man in den Lokalen übrigens vergeblich, doch von Jazz über Pop und Flamenco bietet sich ein breit gefächertes Angebot. Und dem Alter sind beim Ausgehen keine Grenzen gesetzt. Ab Mitternacht füllen sich die Ausgehlokale, also für Spanier nach dem Abendessen.

Bars und Kneipen

Bar Pastis ➡ F5
Carrer de Santa Mónica, 4
Metro L3: Drassanes
✆ 619 75 37 40
Wenn die Wände sprechen könnten ... Fotos, Plakate etc. zogen schon in den 1940er Jahren Freunde des Chansons in die Bar. Livekonzerte.

Boadas ➡ D5
Carrer dels Tallers, 1
Metro L1, L3: Catalunya
www.boadascocktails.com
Bereits Hemingway fühlte sich in dieser intimen Cocktailbar an den Rambles wohl.

Bocachica ➡ C6
Passatge de la Concepció 12
Metro L3: Diagonal

Zur Happy Hour an die Moll d'Espanya am Port Vell

Erst abends füllen sich in der Innenstadt Barcelonas die Restaurants und Bars

✆ 93 467 51 49
www.bocagrande.cat
Models, Fußballspieler und wer sich sonst noch für einen Star hält, lassen sich im Bocachica sehen. Die Cocktails sind spitze, allerdings auch die Preise. Dazu gehört ein exklusives Restaurant, elegant eingerichtet, das Bocagrande.

Dry Martini ➡ B5
Carrer d'Aribau, 162–166
Metro L3, L5: Diagonal
✆ 93 217 50 72
www.drymartiniorg.com
Gehört für manche zu den besten Cocktailbars der Welt. Der lange Holztresen beeindruckt.

Espai Barroc/Palau Dalmases
➡ E6
Carrer de Montcada, 20
Metro L4: Jaume I
✆ 93 310 06 73
www.palaudalmases.com
Ungewöhnliche Bar: Ein Türsteher bewacht ein riesiges Holzportal, das in den mittelalterlichen Adelspalast Palau Dalmases hineinführt, als ob es um den Eintritt in die Residenz von Graf Dracula persönlich ginge. In gotischem Ambiente hört man Flamenco.

Gimlet ➡ A5
Carrer de Santaló, 46
Metro L3, L5: Diagonal
✆ 93 201 53 06
www.drymartiniorg.com
Eine Cocktailbar im Stil der 1950er Jahre. Gimlet war der Lieblingscocktail von Humphrey Bogart in seiner Rolle als Detective Marlowe.

Konbe Bar ➡ A3
Carrer Deu i Mata, 136
Metro L3: Maria Cristina
✆ 675 09 10 00
www.konbe.es
Eine Recycling-Bar, in der die gesamte Einrichtung aus dem Sperrmüll stammt. Das Ergebnis ist ein Kunstwerk, in dem man außerdem Designer-Cocktails schlürfen und Konzerte hören kann. Mit Terrassenbetrieb.

Mirablau ➡ aB2
Plaça del Dr. Andreu, Ecke Av. Tibidabo
Tramvia Blau ab Av. Tibidabo
✆ 93 418 58 79
www.mirablaubcn.com
Auf halber Höhe des Tibidabo mit fantastischem Blick über die ganze Stadt. Im Mirablau kann man leckere Cocktails trinken und zu Rumba- oder Popmusik abtanzen.

Musiklokale

Aquarella Music Restaurant ➡ D5
Gran Vía de les Corts Catalanes, 572
Metro L1, L2: Universitat
✆ 93 452 14 52,
www.aquarella.es

Abendessen mit Show! Klassische Musik oder 1930er Jahre Revue-Theater im Stil von Fred Astaire. Dazu wird leichte mediterrane Küche serviert. Buchen kann man, auch inklusive Hotelzimmer, via Internet.

El Patio Andaluz ➡ C4
Carrer Rocafort, 231
Metro L5: Entença
✆ 93 209 33 78
www.showflamencobarcelona.com
Gute Flamenco-Darbietungen von Profis. Gäste können nur die Show oder mit Essen buchen.

Harlem Jazz Club ➡ F6
Carrer de Comtessa de Sobradiel, 8
Metro L3: Drassanes, L4: Jaume I
✆ 93 310 07 55
www.harlemjazzclub.es
Im gotischen Viertel versteckt gelegen, ist das Harlem Jazzliebhabern ein Begriff. Gute Konzerte.

Jamboree ➡ E5
Plaça Reial, 17, Metro L3: Liceu
✆ 93 319 17 89
www.masimas.com/jamboree
Barcelonas renommiertestes Jazzlokal mit täglichen Livekonzerten. Sogar Ella Fitzgerald trat hier schon auf.

Magic Club ➡ E7
Paseo Pablo Picasso, 40
Metro L4: Jaume I
✆ 93 310 72 67
www.magic-club.net
Ein Klassiker in Sachen Rock'n-Roll. Viele bedeutende Rockgruppen sind hier schon aufgetreten. Ob jung oder alt, hier gilt es abzutanzen bis in die Morgenstunden!

Ein Zusammenspiel von Wasser, Musik und Farbe: die nächtlichen Wasserspiele der Font Màgica de Montjuïc

Milano Jazz Club ➡ D6
Ronda de la Universitat, 35
Metro L1/3: Plaça de Catalunya
✆ 93 112 71 50
www.camparimilano.com
Campari wie in Mailand, der Cocktail des Hauses, dazu hört man Jazz-Konzerte. Ausserdem gibt es eine Speisekarte.

Diskotheken

Carpe Diem Lounge Club ➡ G7
Passeig Marítim de la Barceloneta, 32, Metro L4: Ciutadella
✆ 93 224 04 70
www.cdlcbarcelona.com
Am Meer gelegene Lounge-Bar mit Terrasse. Zu essen gibt es Mediterranes, Frühlingsrollen und Sushi, am Abend kann man zu House-Musik tanzen. Die Einrichtung erinnert an den Maurenpalast Alhambra in Granada.

Catamaran Orsom ➡ F5
Moll de Drassanes
Metro L3: Drassanes
✆ 667 59 23 06
www.barcelona-orsom.com
Jazz und Chillout, und das auf einem Katamaran und möglichst bei Sonnenuntergang.

JazzSi Club ➡ D5
Requesens, 2
Metro L2: Sant Antoní
✆ 93 329 00 20
tallerdemusics.com/jazzsi-club
Oft bringen Bands Jam Sessions, Rock und Flamenco (freitags). Kleiner Raum mit Bühne, der überwiegend von Studenten besucht wird.

Hummerbcn ➡ aB2
✆ 657 13 29 88
www.hummerbcn.com
Mit Reservierung
Das neue Ausgehkonzept der Stadt: Disco auf Rädern, entweder im Hummer oder im Bus. Packs mit Hotelabholung.

Karma ➡ E5
Plaça Reial, 10
Metro L3: Liceu
✆ 93 302 56 80
www.karmadisco.com
Rock-Musik und Blues hört man in diesem Keller schon seit vielen Jahren.

Luz de Gas ➡ B5
Carrer de Muntaner, 246
Metro L3, L5: Diagonal
✆ 93 209 77 11
www.luzdegas.com
Diskothek im ehemaligen Revuetheater Belle Époque, Livekonzerte, vor allem Jazz.

Marula Café ➡ F6
Carrer dels Escudellers, 49
Metro L3: Liceu
✆ 93 318 76 90
www.marulacafe.com
Konzerte und Disco von Funk, Soul, Blues bis Pop. Da ist für jedes Publikum etwas dabei.

Wet Bar ➡ südl. G5
Plaça de la Rosa dels Vents 1, Ende Passeig Joan de Borbó
Metro L3: Drassanes und zu Fuss
✆ 93 295 28 00
www.w-barcelona.com
Nachtleben am Strand: Disco und Cocktails am Pool des Hotels W, bei schlechtem Wetter kann man auch in der Lounge-Bar feiern. ■

Kultur und Unterhaltung
Theater, Revuetheater, Konzerte

Wer in Barcelona ins Theater gehen möchte, sollte darauf gefasst sein, dass ihn die katalanische Landessprache erwartet. Die jungen **avantgardistischen Theatergruppen** wie »La Fura dels Baus«, »La Cubana« oder »Els Comediants« lohnen jedoch immer einen Besuch, denn bei ihnen spielt weniger das gesprochene Wort als vielmehr das Geschehen auf der Bühne oder mitten im Zuschauerraum eine Rolle.

Barcelona hat aber auch einen guten Ruf als Musikstadt. Während der Saison finden mehr als 200 Konzerte klassischer Musik statt, ohne die privaten Initiativen zu berücksichtigen. Die drei großen Tempel der Musik sind das **Liceu** ➡ E5, der **Palau de la Música Catalana** ➡ E6 und das 1997 eingeweihte, geräumige **L'Auditori** (www.auditori.cat). Dank der katalanischen Opernstars Montserrat Caballé und José Carreras machte sich das Liceu international einen Namen.

Das **Theaterprogramm** entnimmt man den Programmzeitschriften oder den Tageszeitungen: Guía del Ocio (Veranstaltungskalender), Vivir en Barcelona (Monatszeitschrift mit Programmkalender) oder fragt telefonisch nach unter: Barcelona Informació ✆ 010. Eintrittskarten werden direkt an den Theaterkassen verkauft und natürlich über das Internet.

Theater

Mercat de les Flors ➡ E3
Carrer de Lleida, 59
Metro L1, L3: Espanya
✆ 93 256 26 00
www.mercatflors.cat
Seit 1985 ständig wechselndes Programm, viel Avantgarde-Theater, Tanz. Mit Restaurant. Sehenswert ist die von Miquel Barceló gestaltete Kuppel der Eingangshalle.

Teatre Condal ➡ E4
Av. del Paral·lel, 91
Metro L2, L3: Paral·lel
✆ 93 442 31 32
www.teatrecondal.cat
Gezeigt werden Musicals, Komödien, unterhaltsames Theater, manchmal auch aus anderen Regionen Spaniens.

Teatre Goya ➡ D5
Carrer de Joaquín Costa, 68
Metro L1, L2: Universitat
✆ 93 343 53 23
www.teatregoya.cat
Unterhaltsames Theater in katalanischer oder kastilischer Sprache, auch Tanztheater und Musicals.

Ein Meisterwerk des Modernisme: Der Palau de la Música Catalana …

Teatre Lliure ➡ E3
Plaça Margarida Xirgu, 1
Metro L1, L3: Espanya
✆ 93 289 27 70
www.teatrelliure.com
Im Stadtteil Montjuïc: eigenes Ensemble und Kammerorchester, fantasievolle Bühnenbilder, katalanisches Theater und moderner Tanz. Schönes Restaurant.

Villarroel Teatre ➡ D4
Carrer de Villarroel, 87
Metro L1: Urgell
✆ 93 451 12 34
www.lavillarroel.cat
Moderner Theatersaal mit Vorstellungen auf katalanisch. Aufführungen auch von Gruppen aus anderen Regionen Spaniens und aus dem Ausland.

Revuetheater

El Molino ➡ E4
Carrer de Vilà i Vilà, 99
Metro L2, L3: Paral·lel
✆ 93 205 51 11
www.elmolinobcn.com
Das Revuetheater, das Pendant zum Pariser Moulin Rouge, wurde nach 13 Jahren Pause 2010 wiedereröffnet.

Teatre Tívoli ➡ D6
Carrer de Casp, 8
Metro L1, L3: Catalunya
✆ 93 412 20 63
www.grupbalana.com
Mit viel Rot und Gold hat das Tívoli den Flair von 1900. Aufgeführt werden überwiegend Musicals, aber auch Theater und Tanzstücke.

Theaterfestivals:

Die beiden großen Barceloneser Festivals sind das **Festival Grec** (www.grec.bcn.cat) im Sommer und das **Festival de Tardor** (www.ribermusica.org) im Herbst: Dann verwandelt sich die Stadt in eine große Theaterbühne. Hauptveranstaltungsort des griechischen Festivals, des **Festival Grec,** ist das Amphitheater Teatre Grec ➡ E3; das des **Festivals de Tardor** die Kirche Santa Maria del Mar ➡ E/F6 (vgl. S. 13, 39).

...zählt innen wie außen zu den schönsten Konzertstätten der Welt

Konzerte

Gran Teatre del Liceu ➡ E5
Carrer de Sant Pau, 1, Ecke Rambles, Metro L3: Liceu
✆ 93 485 99 00
www.liceubarcelona.com
Mit 3600 Sitzplätzen einer der größten Operntempel der Welt. Neben Bayreuth wichtigste Wagner-Kultstätte, auch viel italienische Oper.

Palau de la Música Catalana ➡ E6
Carrer Sant Pere Més Alt, 2
Metro L1, L4: Urquinaona
✆ 93 295 72 00
www.palaumusica.org
Ende Okt.–Mai: Saison des Stadtorchesters von Barcelona; Dez.–Mai: Saison Euroconcert (Kammermusik); Nov.–Mai: Saison Ibercàmera; Okt./Nov.: Internationales Jazzfestival von Barcelona. ■

Shopping
Bücher, Galerien, Märkte, Mode etc.

Barcelona zählt zu den europäischen Shopping-Hauptstädten. Die ausgedehntesten Einkaufszonen befinden sich in der **Altstadt** (Keramik, Antiquitäten, Stiche) ➡ D–F5–7, in den Querstraßen zu den **Rambles** ➡ D6–F5 (Touristensouvenirs und Bücher), im Viertel **Eixample am Passeig de Gràcia** ➡ B–D6, an der **Rambla de Catalunya** ➡ B–D6 und **Ronda de Sant Antoni** ➡ D5–E4 (Geschäfte mit Luxusgütern, Designermode) sowie mit gehobenem Angebot in der **Diagonal** ➡ B4–D9, **Via Augusta** ➡ nördl. A4, **Carrer Balmes** ➡ A5 und **Bori i Fontestà** ➡ A4. Die flippigsten Läden liegen rund um den **Passeig del Born** ➡ F6/E7. Gerade dort findet man Läden mit Kleidung von noch unbekannten Mode-Designern.

Ausgefallene **Mitbringsel** findet man in Designer-, Schmuck- und Möbelläden im **Viertel Born** ➡ E/F6/7 und in der **Carrer d'Avinyó** ➡ E/F6. Denn auch im Kunsthandwerk und Möbeldesign setzt Barcelona Akzente. Typische Souvenirs sind hingegen der Sekt Cava und Schokolade, z. B. des Traditionshauses Amatller. In den Souvenirgeschäften türmen sich Gegenstände im Jugendstildesign nach berühmten Vorbildern. Die **Museumsshops** sind in Barcelona mit besonders hübschen Designartikeln ausgestattet.

Buchhandlungen

Altaïr ➡ D6
Gran Via de los Corts Catalanes, 616
Metro L2, L3, L4: Passeig de Gràcia
www.altair.es
Riesengroße, hervorragend sortierte Reisebuchhandlung mit sämtlichen Destinationen.

Laie ➡ D6
Carrer de Pau Claris, 85
Metro L2, L3, L4: Passeig de Gràcia
www.laie.es
Zeitschriften und wohlgeordnete Bücher, ein Café und ein Restaurant laden in dem lichtdurchfluteten Bürgerhaus zum Verweilen ein.

Galerien, Kunsthandel und Antiquitäten

Antiquitätenviertel ➡ E5/6
Metro L3: Liceu
Zahlreiche Kunst- und Antiquitätenhändler befinden sich in diesem traditionellen Viertel um die Plaça del Pi, Plaça de Sant Josep Oriol, Carrer de la Palla und die Carrer del Banys Nous.

Barcelona Auctions ➡ B5
Carrer Santaló, 9
Metro L3, L5: Diagonal
www.barcelonaauctions.com
Mindestens einmal im Monat Versteigerung von Kunstgegenständen. Auch für die schmale Brieftasche ist immer ein Stück dabei. Zudem täglich Online-Versteigerungen.

Carrer de Consell de Cent ➡ C/D5/6
Metro L2, L3, L4: Passeig de Gràcia
An dieser Straße zwischen dem Passeig de Gràcia und dem Carrer Balmes liegt das traditionelle Galerienviertel.

El Bulevard dels Antiquaris ➡ C6
Passeig de Gràcia, 55–57, 1. Stock
Metro L2, L3, L4: Passeig de Gràcia
www.bulevarddelsantiquaris.com
Passage mit über 70 Antiquitätengeschäften. Schön auch zum Stöbern.

Schokolade & Co. im Mercat de Sant Josip

Guantería Alonso ➡ E6
Carrer de Santa Anna 27
Metro L1/3: Plaça de Catalunya
www.guanteria-alonso.com
Seit über hundert Jahren verkauft die Familie Alonso Handschuhe in allen Variationen. Der Jugendstilladen ist allein schon sehenswert.

Plaça Nova ➡ E6
Metro L4: Jaume I
Antiquitätenmarkt auf dem Platz vor der Kathedrale.

Ribera-Viertel ➡ E/F6/7
Metro L4: Jaume I, Barceloneta
Rund um die Kirche Santa Maria del Mar haben sich avantgardistische Galerien niedergelassen.

Einkaufsstraßen und -passagen

Av. Portal de l'Angel ➡ D/E6
Metro L1, L3: Catalunya
Traditionelle Straße der Schuhverkäufer, aber auch der Warenhäuser und Modeboutiquen.

Carrer Portaferrissa ➡ E5/6
Metro L3: Liceu
Straße mit Boutiquen, Ledergeschäften und Einkaufspassagen.

El Bulevard Rosa ➡ C6
Passeig de Gràcia, 55–57
Metro L2, L3, L4: Passeig de Gràcia
www.bulevardrosa.com
Die bekannteste Einkaufspassage der Stadt, mit zahlreichen Modeboutiquen im Erdgeschoss.

L'Illa Diagonal ➡ A3
Av. Diagonal, 557
Metro L3: Maria Cristina (Les Corts)
www.lilla.com
Alle gängigen Marken in mittlerweile über 170 Läden.

Maremagnum ➡ G5
Mol d'Espanya, 5
Metro L4: Barceloneta
www.maremagnum.es
Zahlreiche Geschäfte: Mode, Musik und vieles mehr.

Mode und Schuhe

Antonio Miró ➡ C5
Carrer Enric Granados, 46
Metro L2, L3, L4: Passeig de Gràcia
www.antoniomiro.com
Miró ist eine Institution in Sachen Mode aus Barcelona. Auch Möbel und Schmuck finden sich unter den Kreationen.

Massimo Dutti ➡ D6
Rambla de Catalunya, 60
Metro L2, L3, L4: Passeig de Gràcia
www.massimodutti.com
Elegante Herrenhemden, Anzüge und Krawatten.

MTX ➡ E7
Carrer del Rec, 32
Metro L4: Barceloneta
Ausgesprochen originelle Mode. Mertxe Hernández schneidert u. a. für den Cirque du Soleil.

Santa Eulalia ➡ C6
Passeig de Gràcia, 93
Metro L3, L5: Diagonal
www.santaeulalia.com
Seit 1944 wird hier Markenkleidung angeboten und auf Wunsch nach Maß geschneidert.

Vialis ➡ E5
Carrer de la Vidriería, 15
Metro L4: Barceloneta
www.vialis.es
Ausgefallene Damenschuhe, mal elegant, mal sportlich, doch auf jeden Fall bequem.

Spezialgeschäfte

Casa Museo Amatller ➡ C6
Passeig de Gràcia 41
Metro L4: Passeig de Gràcia

Hübsche Souvenirs: Repliken à la Antoni Gaudí

Im historischen Stammhaus des Schokoladenfabrikanten Amatller befindet sich der Laden mit dem kompletten Sortiment. Und in der Cafeteria Faborit kann man die heiße Schokolade direkt vor Ort probieren.

Centro de Cultura Vinícola Monvínic ➡ D6
Carrer de la Diputació, 249
Metro L2, L3, L4: Passeig de Gràcia
monvinicstore.com
Barcelonas Weinkulturzentrum bietet über 4000 Weine. In der Bar und dem Restaurant können die Gäste degustieren.

Cerámica Villegas ➡ E6
Carrer Comtal, 31
Metro L1, L4: Urquinaona
www.villegasceramica.net
Gebrauchs- und Geschenkartikel, die größte Keramikauswahl der Stadt.

Cerería Subirà ➡ E6
Baixada de la Llibreteria, 7
Metro L3: Jaume I
www.cereriasubira.cat
Seit über 260 Jahren werden hier Kerzen verkauft. Eine barocke Treppe im Laden lässt an Titanic denken. Die Cereria ist sicher einer der schönsten historischen Läden der Stadt und für sich eine Sehenswürdigkeit. Auch Kursangebote zur Wachskunst.

Colmado Múrria ➡ C6
Carrer de Roger de Llúria, 85
Metro L4: Passeig de Gràcia
www.murria.cat
Schön, dass es diesen Tante-Emma-Laden von 1898 noch gibt! Vor allem Delikatessen aus Katalonien, Käse, Cava, aber auch Kaviar sind im Angebot. Und mittlerweile mit Degustation.

Colmado Quilez ➡ D6
Rambla de Catalunya, 65
Metro L2, L3, L4: Passeig de Gràcia
www.lafuente.es

Auf dem Trödelmarkt Els Encants

Kulinarische Köstlichkeiten aus aller Welt. Schon das Schaufenster macht Appetit.

Dos i Una ➡ C6
Carrer del Rosselló, 275
Metro L3, L5: Diagonal
✆ 93 112 57 64
Kleine Boutique, die in erster Linie Barcelona-Geschenkartikel führt.

Escribà ➡ E5
Rambla de les Flors, 83
Metro L3: Liceu
www.escriba.es
Eine wunderschöne Jugendstilfassade schmückt den kleinen Konditorladen der Familie Escribà, der bereits 1820 gegründet wurde. Im Schaufenster türmen sich die Köstlichkeiten.

La Manual Alpargatera ➡ E6
Carrer d'Avinyó, 7
Metro L3: Liceu
www.lamanualalpargatera.com
Katalanische Leinenschuhe mit Hanfsohle stapeln sich bis unter die Decke. In der angeschlossenen Werkstatt werden die Schuhe ganz nach Wunsch verziert.

Papirum ➡ E6
Baixada de Llibreteria, 2
Metro L4: Jaume I
www.papirumbcn.com
Werkstatt und Ladengeschäft in einem. Alle Artikel, vom Schulheft bis zum Fotoalbum, sind mit handgeschöpftem Papier beklebt.

Straßenmärkte

Kunsthandwerkermarkt Fira de Santa Mònica ➡ F5
Rambla de Santa Mònica
Metro L3: Liceu, Drassanes
Sa nachmittags, So ganztägig
Auf dem beliebten Markt wird Kunsthandwerk aus aller Welt angeboten.

Mercado Medieval ➡ E6
In der Nähe der Plaça Sant Jaume
Metro L3: Liceu, L4: Jaume I
Jeden Do
Man fühlt sich ins Mittelalter versetzt, wenn in den Gassen Dagueria, Lledò und Hèrcules die Händler ihre Waren auf die Straße holen.

Trödelmarkt Els Encants ➡ D9
Plaça de les Glòries Catalanes
Metro L1: Glòries
www.encantsbcn.com
Barcelonas größter Flohmarkt und einer der ältesten Europas. ■

Mit Kindern in der Stadt
Museen und Attraktionen

Die Lage am Meer macht Barcelona zu einem genialen Ferienziel für Familien. In Hotels und Restaurants ist man in der Regel freundlich und auf Kinder gut eingestellt. Viele Lokale verfügen über Kindermenüs. Und die fröhliche Kunst eines Joan Miró, die spielerischen Gebäude und Dachlandschaften von Antoni Gaudí, z. B. der **Casa Milà** (vgl. S. 40), oder auch der **Parc Güell** (vgl. S. 43 ff.), erfreuen Kinderaugen sicher ganz besonders. Sollte den kleinen Besuchern dennoch langweilig werden, sorgen vor allem das **Aquarium**, der **Zoo**, das **Wachsfigurenkabinett** oder das **Schifffahrtsmuseum** (Museu Marítim) für Unterhaltung.

Die Stadt besitzt 4,5 Kilometer **Strand**, überwacht und mit Stationen des Roten Kreuzes, mit Duschen und flachem Meerzugang, also bestens geeignet für Kinder. Einen Plan der Strände gibt es unter www.barcelonaturisme.com und bei den Tourist Informationen.

Museen

Museu Marítim
Vgl. S. 32.

Museu del Rei de la Màgia ➡ E6
Princesa, 11
Metro L4: Jaume I
✆ 93 319 39 20
www.elreydelamagia.com
Seit 1881 existiert dieser Laden für angehende Zauberer. Dazu gehören auch ein kleines Museum, ein Theater und eine Schule der Magie, die Zauberkurse anbietet (Anmeldung erforderlich).

Museu de Xocolata ➡ E7
Carrer del Comerç, 36
Metro L4: Arc de Triomf
✆ 93 268 78 78
www.museuxocolata.cat
Im Museum steht direkt am Eingang ein Schokobrunnen. Die Ausstellung informiert über die Geschichte der Schokolade und in der »Sala Barcelona« sind Gebäude Barcelonas aus Schokolade nachgebaut. Nach Voranmeldung können Kinder auch an einem Kurs zur Schokoladenherstellung teilnehmen (ca. 1 Stunde).

Wachsfigurenkabinett
Vgl. Museu de Cera S. 31.

Attraktionen

L'Aquàrium
Vgl. S. 39.

Barcelona Mar ➡ F8
Port Olímpic, Anlegestelle 2861/62
✆ 93 285 38 32
www.barcelonaturisme.com
www.boatripbarcelona.com
Mehrere Firmen und die Stadt organisieren verschiedenste Segel-, Katamaran und Bootsausflüge für Groß und Klein. Das Tourismusamt bietet die »Barcelona Card Sea« an, die eine Woche gültig ist und verschiedene Aktivitäten ermöglicht.

Font Màgica ➡ E3
Plaça de Carles Buïgas
Metro L1, L3: Plaça Espanya
Frei zugänglich
Zur Expo von 1929 in Betrieb genommen tanzen die Fontänen bis heute zur Musik. Mit der farbigen Beleuchtung lässt das Spektakel an ein Feuerwerk denken. Vorsicht vor Taschendieben!

IMAX ➡ F6
Moll d'Espanya, s/n
Metro L3: Drassanes, L4: Barceloneta
✆ 93 225 11 11, www.imax.com

Ein Labyrinth aus grünen Hecken: Parc del Laberint d'Horta

Das IMAX-Kino am Hafen ist schon von Weitem sichtbar. Für Kinder ist bestimmt eine reizvolle 3-D-Erfahrung dabei.

Parc Zoològic de Barcelona
Vgl. S. 46.

Parque de Atracciones Tibidabo
➡ aB2
Plaça del Tibidabo, 3–4
FGC L7: Av. Tibidabo, dann Tramvia Blau, dann Funicular (fährt entsprechend den Öffnungszeiten des Parks), oder direkt mit dem Tibibús ab Plaça de Catalunya, Ecke Rambles de Catalunya
✆ 93 211 79 42
www.tibidabo.cat
Oben auf dem Tibidabo-Berg hat man nicht nur einen tollen Blick über Barcelona, für Kinder gibt es zudem Achterbahn, Riesenrad, Karussell und viele andere Attraktionen dieser Art. Die Fahrt hinauf mit der Tramvia Blau ist ein Erlebnis.

Parc del Laberint d'Horta ➡ aB2
Passeig dels Castanyers, 1
Metro L3: Mundet
Der Stadtpark liegt nördlich des Güell-Parks im Viertel Montbau. Er stammt aus dem 18. Jh. und verzaubert mit seinen Springbrunnen, Fontänen und Figürchen – eine Märchenwelt. Die Attraktion: ein Labyrinth aus grünen Hecken.

Port Aventura ➡ südl. aE1
Av. Alcalde Pere Molas, s/n
43480 Vila-Seca
Zug: ab Bahnhof Sants bis Station Port Aventura, Dauer: 1 Std. (Info: www.renfe.es)
Auto: AP-7, Ausfahrt Port Aventura
Bus: ab Flughafen Barcelona (Info: www.autocarsplana.com)
✆ 90 220 22 20
www.portaventura.es
Als ob sich Disneyland, Seaworld und das Epcot Center von Orlando vereinen würden. Manche Familien verbringen gar ihren gesamten Urlaub hier. Selbstverständlich gibt es außer Klein-Mexiko und China auch einen Wasserpark, den Caribe Aquatic Park. Seit 2017 ist auch noch das Ferrari Land hinzugekommen. ■

Erholung und Sport
Fahrradverleih, Stadien, Strände, Wellness

Wenn man in Barcelona Sport und Erholung sucht, hat man es so einfach wie in kaum einer anderen Stadt: Die **Strandpromenade** ist von der Altstadt aus zu Fuß zu erreichen. Sollte gerade keine Badesaison sein, so kann man dort auf jeden Fall joggen, Fahrrad fahren oder Rollschuh laufen. Oder man geht in den **Ciutadella-Park** ➡ E/F7 und sieht den Skateboard-Fahrern bei ihren Kunststücken zu. Wer es sportlicher möchte, trimmt sich mit einem Dauerlauf auf den **Montjuïc** ➡ D–F1–4 und zu den **Olympiasportstätten** (vgl. S. 42). Zum Faulenzen danach lässt man sich am besten in einer der Bars auf den Dachterrassen eines der Viersternehotels nieder.

Übrigens sind Barcelonas **Fahrradwege** vorbildlich. Nirgendwo in Spanien ist man derart auf den Drahtesel als Fortbewegungsmittel eingestellt. Und Großstadt am Meer, d. h. auch, dass es in Barcelona zahlreiche **Wellness-Einrichtungen** gibt wie in einem typischen Badeort. Für **Wassersport** sucht man jedoch besser die Vororte wie Castelldefels, Cambrils oder Tarragona auf.

Fahrradverleih

Barcelonabiking ➡ E6
Baixada de Sant Miquel, 6
Metro L4: Jaume I
✆ 65 635 63 00
www.barcelonabiking.com
Bei diesem Verleih gibt es auch Rennräder und Mountainbikes und geführte Touren, auf Wunsch auch ins Umland.

Barna Bike ➡ F6
Pas de Sota Muralla, 3
Metro L4: Barceloneta
✆ 661 91 32 33
www.barnabike.com
Hier kann man alles Mögliche leihen, was fährt, Räder hat und kein Auto ist: Fahrräder, Tandems, Karts, Scooter, elektrische Rollschuhe etc. Außerdem organisiert Barna Bike geführte Touren durch die Stadt und sogar Nachtfahrten. Und es können auch Wassersportgeräte ausgeliehen werden. Reservierung empfohlen.

Mit dem Fahrrad auf Entdeckungstour

Bike-Rental-Barcelona ➡ F5
Carrer de Montserrat 8
Metro L3: Drassanes
✆ 66 605 76 55
www.bikerentalbarcelona.com
Der Verleih bringt den Kunden üblicherweise das Fahrrad ins Hotel. Die Tarife richten sich ganz nach der Leihdauer und der Qualität des Rades. Reservierung erforderlich, telefonisch oder per E-Mail.

Sportstätten

Camp Nou ➡ A1
Carrer d'Arístides Maillol, Tor 7 und 9, Metro L5: Collblanc
✆ 90 218 99 00
www.fcbarcelona.cat
Keine Tour bei Champions-League-Spielen

Zum Stadion gehören auch ein **Museum** und der offizielle **Barça-Laden**. Dort kann man die Spieler als Skulpturen in Originalgröße sehen. Für echte Fußballfans ist es traumhaft, einmal im Stadion des Spitzenvereins FC Barcelona zu stehen. Im Internet kann man sich über weitere Events, Eintrittskarten und andere Sportarten wie etwa Basketball informieren.

Stadion des FC Barcelona: Camp Nou

Piscines Picornell ➡ E2
Av. de l'Estadi, 30–38
Metro L1, L3: Espanya
✆ 93 423 40 41
www.picornell.cat
Die Piscines Picornell waren die Olympia-Schwimmanlage und werden noch heute für Schwimmsportveranstaltungen genutzt. Hier gibt es beheizte Schwimmbecken, Fitnessräume und Pisten für Padel, eine Art Mischung aus Tennis und Squash, die jeder nutzen kann. Auch Massagen werden angeboten. Und Nudisten haben eigene Badezeiten.

Strände

Die Stadt besitzt 4,5 Kilometer Strand, überwacht und mit Stationen des Roten Kreuzes, mit Duschen und flachem Meerzugang. Unter www.barcelonaturisme.com kann man sich einen Plan der Strände ausdrucken oder sich im Tourismusbüro einen besorgen. Die Wasserqualität ist gut, unbedingt sollte man auf die Flaggen achten: grüne Flagge – Schwimmen ungefährlich, gelbe Flagge – Vorsicht, rote Flagge (selten in Barcelona) – Badeverbot.

Wellness

Aire de Barcelona – Baños Arabes ➡ E7
Passeig de Picasso, 22
Metro L1: Arc de Triomf
✆ 932 955 743
www.beaire.com
In historischen Gewölben verwöhnt ein Hamam im arabischen Stil: Kerzenbeleuchtung, Aromatherapie, Massagen, Teestube, etc. Eine Verwöhnkur für Körper und Seele im Born-Viertel.

Flotarium ➡ B6
Plaça de Narcís Oller, 3
Metro L3, L5: Diagonal
✆ 93 217 36 37
www.flotarium.com
In einer futuristischen Badewanne schweben, von 600 Litern Wasser und zahlreichen Salzen eingehüllt. Mitnehmen muss man nichts, auch Shampoo, Handtücher, Ohrstöpsel etc. werden gestellt. Eine Reservierung ist allerdings erforderlich. ■

Surfing Contest vor der Küste Barcelonas

Daten zur Stadtgeschichte

Jaume I. von Aragón

15 n. Chr. Gründung der römischen Kolonie *Iulia Augusta Paterna Faventia Barcino*, Keimzelle des heutigen Barcelona.

1.–4. Jh. Die mächtige Stadtmauer wird gegen den gewaltigen Ansturm der Völkerwanderung errichtet.

415 Barcino wird vorübergehend Hauptstadt des Westgotenreichs unter König Ataulf.

713 Kampflos ergibt sich die Stadt dem maurischen Ansturm.

801 Ein fränkisches Heer unter dem späteren Kaiser Ludwig dem Frommen erobert Barcelona. Altkatalonien wird Grenzmark des Frankenreichs unter Karl dem Großen.

875 Wilfried der Behaarte vereinigt erstmals die katalanischen Grafschaften und begründet die Grafschaft Barcelonas.

985 Plünderung durch den arabischen Feldherrn Almanzor und Schatzmeister des Kalifen.

1096 Expansion in den Raum der Provence unter Ramón Berenguer III.

1137 Durch die Heirat des Grafen Ramón Berenguer IV. mit der aragonesischen Thronerbin Petronilla wird Barcelona mit dem Königreich Aragonien vereint.

1229 Jaume I. erobert die Balearen und entreißt den Mauren 1238 das Königreich Valencia.

1258 Der *Consell de Cent* (Rat der Hundert, Ständeversammlung), in dem neben Adligen und Kaufleuten auch Handwerker vertreten sind, regiert die Stadt.

1282 Pedro III. besetzt Sizilien nach der »Sizilianischen Vesper«. Begründung der *Generalitat* (ständige Vertretung der Ständeversammlung), die faktisch das Königreich regiert und alljährlich den *Consell de Cent* einberuft.

Von einer starken Stadtmauer umringt: die römische Kolonie »Iulia Augusta Paterna Faventia Barcino«

Hochzeitsbild von Ferdinand von Aragón und Isabella von Kastilien (1469, unbekannter Künstler)

1348 Die Schwarze Pest rafft die Hälfte der Bevölkerung hinweg. Ihr folgen über 100 Jahre verheerende Epidemien und Hungersnöte.

1410 Mit Martí dem Humanen stirbt die katalanische Dynastie aus und die Krone Aragoniens geht an das kastilische Haus Trastámara über.

1462–72 Ein schrecklicher Bürgerkrieg hat als einzig positives Ergebnis die Abschaffung der Leibeigenschaft. Barcelona zählt nach den verbissenen Kämpfen zwischen aristokratischen und plebejischen Fraktionen nur mehr 20 000 Einwohner.

1469 Durch die Heirat Isabellas von Kastilien und Ferdinands von Aragón werden Kastilien und Aragonien zu einem Staat gleichberechtigter Königreiche vereinigt.

1640 Die zentralistische Unterdrückungspolitik Philipps IV. führt in Barcelona zum Volksaufstand, der sich zu einem zwölfjährigen Sezessionskrieg verlängert. Trotz Niederlage Kataloniens werden seine autonomen Sonderrechte bestätigt. Das Kampflied der rebellischen Schnitter, »Els Segadors«, ist heute die Nationalhymne Kataloniens.

1714 Im Spanischen Erbfolgekrieg unterliegt Barcelona nach 13 Monaten Belagerung den Truppen des Bourbonen Philipp V. Sämtliche angestammten Rechte gehen verloren, die katalanischen Institutionen *(Consell de Cent, Generalitat)* werden verboten.

1768 Barcelona erhält das Recht, am Amerika-Handel teilzunehmen.

1800 Die Bevölkerung der Stadt wächst in 80 Jahren von 34 000 auf 130 000 Einwohner.

1808 Trotz des französischen Angebots weitgehender katalanischer Privilegien kämpft das Volk während der napoleonischen Besetzung auf Seiten der Guerilla.

1833 Beginn der *Renaixença,* der kulturellen Wiedergeburt Kataloniens.

Diego Velázquez' Porträt Philipps IV. zu Pferd (um 1634–35, Prado, Madrid)

1859 Das Schleifen der mittelalterlichen Stadtmauern schafft die Voraussetzungen für die große Stadterweiterung (Eixample) unter Regie des Urbanisten Cerdà.

1888 Erste Weltausstellung im heutigen Parc de la Ciutadella.

1899 Gründung des FC Barcelona; erste Ausstellung Picassos im Café »Els Quatre Gats«.

1909 »Tragische Woche«: Proteste gegen die Zwangsrekrutierung für den Marokko-Feldzug verwandeln sich in einen Volksaufstand, bis die Revolte blutig niedergeschlagen wird.

1929 Zweite Weltausstellung in Barcelona.

1932 Das Madrider Parlament gewährt den Katalanen ein Autonomiestatut.

1936 »Kurzer Sommer der Anarchie« zum Auftakt des Spanischen Bürgerkriegs: Banken, Kaufhäuser und die gesamte Industrie werden enteignet, Klöster in Schulen verwandelt, Hotels zu Krankenhäusern und Volksküchen umfunktioniert und blutige Razzien gegen bürgerliche und klerikale Kreise inszeniert.

1939 General Franco marschiert am 26. Januar in Barcelona ein. Das Autonomiestatut wird eingestampft, die katalanische Sprache und Kultur werden fast 40 Jahre lang unterdrückt.

1975 Tod Francos, Übergang zur Demokratie.

1979 Katalonien erhält als erste Region Spaniens ein umfassendes Autonomiestatut. Katalanisch wird gleichberechtigte Amtssprache neben dem kastilischen Spanisch.

1980 Erste Regionalwahlen. Die katalanisch-nationalistische CiU unter Jordi Pujol bildet die Regierung Kataloniens.

1992 Barcelona richtet die Olympischen Sommerspiele aus. Die »dritte Neugründung« der Stadt wird vorangetrieben.

1994 Verheerender Brand im Opernhaus Liceu.

1997 Neueröffnung des Musiktempels Auditorio.

2004 Der 30 Hektar große, gigantische neue Stadtteil Fòrum öffnet die Metropole zum Meer.

2005 Barcelona erhält mit der Torre Agbar, einem 142 Meter hohen, zigarrenförmigen Hochhaus vom Stararchitekten Jean Nouvel, ein neues Wahrzeichen.

2008 Spanien gewinnt die Fußball-Europameisterschaft.

2009 Das Regionalparlament von Katalonien hat ein Volksbegehren zur Untersagung von Stierkämpfen angenommen.

2010 Am 7. November, 128 Jahre nach der Grundsteinlegung, weiht Papst Benedikt XVI. Antoni Gaudís Sagrada Família und erhebt sie in den Rang einer Basilika.

2014 König Juan Carlos dankt im Alter von 76 Jahren überraschend ab. Nachfolger wird sein Sohn, Felipe VI.

Katalonien zeigt Flagge

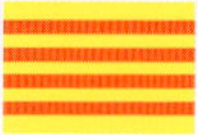

Wenn man durch Barcelonas Straßen geht, begegnet man ihr auf Schritt und Tritt. Sie ist das Symbol der Katalanen, ihres Stolzes und ihres Eigensinns, und heute mehr denn je: Die »Senyera« zeigt vier waagerechte rote Linien auf gelbem Grund. Seit dem 13. Jahrhundert ist sie dokumentiert, doch der Legende nach geht ihre Entstehung noch viel weiter zurück: auf das 9. Jahrhundert. Als Frankenkönig Karl der Kahle von den Normannen angegriffen wurde, bat er den Grafen von Barcelona, Wilfried den Behaarten bzw. Guifre el Pelós, um militärische Unterstützung. Der Mut von Wilfried und seinen Mannen verhalf dem Frankenkönig zum Sieg. Als Ehrenbekundung verlieh Karl der Kahle Wilfried dem Behaarten das Wappen seiner Grafschaft, indem er vier Finger in die von der Schlacht blutende Wunde des verletzten Grafen tauchte und damit über dessen goldgelbes Schild strich.

2015 Jordi Pujol, katalanischer Ex-Landesvater und Symbolfigur, wird wegen Steuerhinterziehung angeklagt.

2016 Der neue Landesvater Kataloniens heißt Carles Puigdemont. Er strebt die Unabhängigkeit Kataloniens und den Austritt aus der EU an.

2017 Ein Terroranschlag auf der Flaniermeile Les Rambles löst die größte politische Krise seit der Rückkehr Spaniens zur Demokratie aus. Katalonien erklärt nach einem Referendum die Unabhängigkeit. Es kommt zu gewaltsamen Zusammenstößen mit der Polizei. Madrid setzt das Regionalparlament ab und erhebt Haftbefehl gegen Puigdemont.

2018 Durch den mit einem Misstrauensvotum an die Macht gelangten neuen Premier Pedro Sánchez der Zentralregierung in Madrid stehen die Chancen wieder günstiger, Bewegung in die festgefahrenen Positionen zur Abspaltung Kataloniens von Spanien zu bringen.

2019 Die Sagrada Família, die seit 137 Jahren gebaut wird, kann in Zukunft mit einer nun vorliegenden Baugenehmigung fertiggestellt werden.

2023 Der Sozialist Pedro Sánchez wird erneut Regierungschef Spaniens. Dank der sieben Stimmen der katalanischen Separatistenpartei Junts erzielt er die Mehrheit im nationalen Parlament, »erkauft« durch ein Amnestiegesetz und finanzielle Zuwendungen für Katalonien. In ganz Spanien kommt es zu Protestaktionen und Demos für die Einheit der Nation. ■

Barcelonas neuestes Wahrzeichen: die gigantische Zigarre des Torre Agbar/Torre Glòries

Service von A bis Z

Barcelona in Zahlen und Fakten

Die skurrilen Schornsteine der Casa Milà

Einwohner: Barcelona Stadt hat 1,65 Mio. Einwohner, ca. 77 % davon haben die spanische Staatsbürgerschaft
Einwohnerdichte: 16 700 Einw. pro km^2
Sprache: Katalanisch, Kastilisch
Religion: 90 % Katholiken, 10 % Protestanten, Muslime, Juden
Bildung: Barcelona hat fünf Universitäten
Fläche: 100,4 km^2, Großraum 630 km^2
Lage: 9 m über NN
Wirtschaft: Textil- und Autoindustrie erwirtschaften 8 % des Bruttoinlandsprodukts
Verkehr: wichtiger Knotenpunkt der RENFE, der spanischen Staatseisenbahnen, die Hochgeschwindigkeitsstrecke des AVE von Madrid wurde 2008 in Barcelona eingeweiht.
Durchschnittstemperaturen: Januar 10 °C, Juli 25 °C

Anreise, Einreise

Für die Einreise aus EU-Staaten nach Spanien genügt der Personalausweis. Da Spanien dem Schengener Abkommen beigetreten ist, finden keine Identitätskontrollen statt. Kinder unter 12 J. benötigen einen eigenen Reisepass.

Mit der Bahn
Die einfachste Verbindung nach Barcelona führt über das mit der Bahn gut zu erreichende Paris.

Beach Club in Barcelona

Von dort fahren Hochgeschwindigkeitszüge nach Barcelona. Das wegen unterschiedlicher Spurbreiten in Frankreich und Spanien früher nötige Umsteigen an der Grenze entfällt damit.

Zwischen Madrid und Barcelona sowie anderen spanischen Großstädten verkehrt zu sensationell niedrigem Preis der Schnellzug Ouigo (www.ouigo.com).

Barcelona besitzt mehrere Bahnhöfe: Der internationale Bahnhof ist **Estació de França** ➡ F7, der nationale Hauptbahnhof ist **Sants** ➡ C2/3. Nebenbahnhöfe sind **Plaça de Catalunya** ➡ D6 und **Passeig de Gràcia** ➡ C/D6.

RENFE
✆ 91 232 03 20
www.renfe.es

Mit dem Flugzeug
Neben zahlreichen direkten Linienflügen gibt es auch sogenannte Billigfluggesellschaften, die Barcelona anfliegen.

Der **Flughafen El Prat** ➡ aE1 (www.aeropuertobarcelona-el prat.com) mit zwei Terminals liegt zwölf Kilometer außerhalb und ist mit der Innenstadt durch Züge, Pendel- und Linienbusse verbunden. Die **Regionalzüge** *(rodalies)* verkehren täglich etwa von 6 bis 23 Uhr alle 30 Minuten zwischen Flughafen und Plaça de Catalunya (Fahrzeit 23 Min., Einzelfahrschein € 5,90). Für € 5,50 fährt einen die **Metrolinie 9 Sud** zur Zona Universitària, ebenfalls in ca. 30 Minuten.

Der **Flughafenbus** (Aerobús, aerobusbarcelona.es) fährt täglich zwischen 5.30 und 1 Uhr in Abständen von 5 bis 10 Minuten ab/zum Plaça de Catalunya, Fahrpreis Einzelfahrt € 6,75, hin und zurück € 11,65 (Ticket ist 15 Tage nach Hinfahrt gültig und im Bus zu erwerben). Eine **Taxifahrt** vom oder zum Flughafen kostet ca. € 25.

Mit dem Auto
Die Anreise aus Süddeutschland und Österreich erfolgt am besten über Lindau/Bregenz, dann Zürich/Genf und über Nîmes nach Barcelona. Spanien hat die Maut vorerst abgeschafft, doch In Frankreich sind die **Autobahnen gebührenpflichtig** *(péage)*. Nationaler Zulassungsschein und nationaler Führerschein sind ausreichend, die **grüne Versicherungskarte** ist zwar nicht notwendig, wird jedoch bei einem Unfall verlangt. Die **Höchstgeschwindigkeit** auf den Autobahnen be-

trägt 120 km/h, auf Schnellstraßen 100 km/h, auf Landstraßen 90 km/h und in geschlossenen Ortschaften 50 km/h.

In Barcelonas Innenstadt bewegt man sich wegen des hohen Verkehrsaufkommens besser mit öffentlichen Verkehrsmitteln. Dank Metro, Bussen und günstigen Taxis sind alle Ziele schnell zu erreichen. Die Altstadt kann man sich aber auch zu Fuß gut erschließen. Auf jeden Fall ist es ratsam, das eigene Auto aus Sicherheitsgründen in einer **Garage** abzustellen, die in der Altstadt ausreichend vorhanden und ausgeschildert sind oder zum Hotel gehören.

Über die Ringstraße (Cinturó del Litoral heißt sie an der Küste und Ronda d'Hebron Richtung Landesinneres) sind alle Ausflugsziele von Barcelona aus zu erreichen. Man folgt einfach der Ausschilderung der jeweiligen Nationalstraße, z. B. NII nach Montserrat.

Auskunft

Fremdenverkehrsämter (Turespaña):

In Deutschland
Lichtensteinallee 1
D-10707 Berlin
✆ (030) 882 65 43
www.spain.info/de

In Österreich
Walfischgasse 8, A-1010 Wien
✆ (01) 512 95 80 10
www.spain.info/at

In der Schweiz
Seefeldstr. 19, CH-8008 Zürich
✆ (44) 253 60 50
www.spain.info/ch

Auskunftstellen in Barcelona:

Convention Bureau Barcelona
➡ D6
Plaça de Catalunya, 17, im Untergeschoss, E-08002 Barcelona
Metro L1, L3: Catalunya
✆ 93 285 38 34
www.barcelonaturisme.com
Auch Ticketverkauf.

Tourist Informationen
– im Bahnhof Estació de Sants ➡ C3
Metro L3, L5: Sants Estació
– Plaça de Sant Jaume, 1 ➡ E6
Metro L4: Jaume I
– Airport El Prat ➡ aE1
Internationale Ankunftshalle Terminal A und B

Bei den Tourist Informationen oder etwas günstiger online erhält man die **Barcelona Card** für zwei, drei, vier oder fünf Tage. Sie beinhaltet die freie Nutzung des öffentlichen städtischen Nahverkehrs und zahlreiche Ermäßigungen bei Museen, Sehenswürdigkeiten, Attraktionen sowie Rabatte in einigen Restaurants und Bars. Vgl. S. 28.

Diplomatische Vertretungen

Deutsches Generalkonsulat ➡ F8
Torre Mapfre
Calle Marina 16–18
E-28005 Barcelona
Metro L4: Ciutadella/Vila Olímpica
✆ 93 292 10 00, in Notfällen:
✆ 915 57 90 00
www.barcelona.diplo.de

Österreichisches Honorargeneralkonsulat ➡ B6
Carrer de Marià Cubí, 7, 1°, 2a
E-08008 Barcelona
Metro L3: Fontana
✆ 93 368 60 03
www.bmeia.gv.at

Schweizer Generalkonsulat ➡ A2
Edificios Trade
Gran Via de Carles III, 94, 7. Stock
E-08028 Barcelona

Der 1. Mai wird auf dem Passeig de Colom mit der Zubereitung einer Riesenpaella gefeiert

Metro L3: Maria Cristina
✆ 93 409 06 50
www.eda.admin.ch/barcelona

Feiertage, Feste und Messen

An folgenden Tagen sind Banken, die meisten Museen und Läden (außer VIPS-Filialen, Bäckereien und Souvenirshops) geschlossen: **Neujahr** (1. Jan.), **Heiliger Dreikönigstag** (6. Jan.), **Karfreitag** *(Divendres Sant)*, **1. Mai** *(Festa del Treball)*, **Nationalfeiertag** (12. Okt.), **Allerheiligen** (1. Nov., *Tots Sants*). Doch auch an den übrigen nationalen und lokalen Feiertagen muss man damit rechnen, dass die Läden geschlossen bleiben, während die Museen zunehmend auch an hohen Feiertagen ihre Pforten öffnen, z. B. Sagrada Família am Neujahrstag.

Im Unterschied zu Zentralspanien wird in Katalonien auch der Ostermontag gefeiert und der 26. Dezember. Insgesamt spielen aber in Barcelona kirchliche Feiertage und die damit verbundene Folklore eine geringere Rolle als etwa in Andalusien im Süden Spaniens.

Januar

Cabalgata de Reyes Magos – Umzug der Heiligen drei Könige vom Hafen kommend am 5. Januar

Festa Major del Barri de Sant Antoni – Stadtteilfest am 17. Januar.

Februar

Carnaval – Karnevalsfest am Aschermittwoch, Umzüge.

März

Zurich Marató de Barcelona – Start und Ziel des Stadtmarathons liegen an der Av. Reina Christina, Anfang März (www.zurichmarato barcelona.es)

St. Josefstag – Am 19. März ist in Spanien Vatertag, an dem man zum Essen ausgeht.

Festa de Sant Medir de Gràcia – traditionelles Frühlingsfest, Reiterzug entlang der Carrer Gran de Gràcia.

April

Trofeo Conde de Godó – Tennisturnier (www.barcelonaopenban cosabadell.com)

Sant Jordi – Festtag des katalanischen Schutzpatrons am 23. April, auch Tag des Buches und vermeintlicher Todestag von Cervantes. Der Herr bekommt ein Buch, die Dame eine Rose geschenkt. Buchmarkt am Passeig de Gràcia und am Port Vell.

Ostern
Auch in Katalonien gibt es Karwochenumzüge und am Ostermontag und -dienstag Romerías, Wallfahrten ins Umland. Auf den Straßen werden Osterlieder gesungen.

Mai
Fira de Sant Ponç – Fest zu Ehren des hl. Ponç, Patron der Imker und Kräuterspezialisten, Verkauf von Kräutern und Honig am 11. Mai entlang der Carrer Hospital.
Tamborinada – großes Kinderfest im Park der Ciutadella, jedes Jahr Ende Mai.
Corpus Cristi/L'ou com Balla – Fronleichnamfest, Plätze sind mit Blumen geschmückt und »Tanzende Eier« (L'ou com Balla) sieht man in vielen Brunnen.

Juni
Festa Sant Joan – Johannisfest in der Nacht des 23. Juni mit Johannisfeuern und großem Feuerwerk. Man springt über das Feuer und verbrennt Zettel mit Wünschen.

August
Festa Major de Gràcia – großes Stadtteilfest in Gràcia um Mariä Himmelfahrt (La Asunció).

September
La Diada – katalanischer Nationalfeiertag am 11. September, politische Kundgebungen und Demonstrationen, insbesondere an der Plaça de Catalunya.
La Mercè – wichtigstes Fest des Jahres zu Ehren der zweiten Stadtpatronin – neben der Santa Eulalia – mit viel Kultur, Musik, Tanz und Folklore am 24. September.

Dezember
Día de la Constitució – Tag der Verfassung, Nationalfeiertag am 6. Dezember.
Fira de Santa Llúcia – zu Ehren der hl. Llúcia gibt es einen Weihnachtsbasar vor der Sagrada Família am 8. Dezember.

In den **Messehallen** am Fuße des Montjuïc vor der Plaça d'Espanya ➡ D3 finden mehr als 80 Messen im Jahr statt.

Zu den wichtigsten Terminen gehören:

»La Diada« – der katalanische Nationalfeiertag am 11. September

Januar und August/September: Pasarela Gaudí (Modemesse)
April: Construmat (Baumesse)
April/Mai: Salón Internacional del Automóvil (Automesse)
November/Dezember: Salón Náutico (Bootsmesse)
Dezember/Januar: Festival de la Infáncia y de la Juventud (Messe für Kinder und Jugendliche)

Messeauskunft:
Fira de Barcelona
✆ 93 233 20 00, www.firabcn.es

Geld, Kreditkarten

In Spanien gilt der Euro. Von Banköffnungszeiten ist man unabhängig, wenn man über eine EC-Karte verfügt und am Automaten Geld zieht. Doch für alle Fälle: Banken sind Mo–Fr 9–14 Uhr geöffnet.

Auch in Spanien trifft man auf große Sammlerlust der verschiedenen Euro-Münzen-Motive. Der spanische Euro zeigt immer noch König Juan Carlos, auf den Cents sieht man entweder Miguel de Cervantes oder die Kathedrale des Wallfahrtsortes Santiago de Compostela in Galicien.

Visa-, Mastercard- und (meist auch) American-Express-Kreditkarten werden in vielen Geschäften und Restaurants akzeptiert. 2005 wurde in Deutschland eine einheitliche **Notrufnummer zum Sperren** von Kredit-, Maestro- und Mobilfunkkarten eingerichtet. Bei Verlust oder Diebstahl wendet man sich an: ✆ +49 116 116, www.sperr-notruf.de.

Hinweise für Menschen mit Handicap

Die Stadt Barcelona hat ein Programm für Behinderte initiiert. Es gibt spezielle Transportlisten, begleitete Museumsbesuche etc. Man findet Informationen unter **»Guía de la Barcelona Accesible«** auf www.barcelonaturisme.com oder vor Ort in einem der Tourismusämter.

Internet

Internetcafés, sogenannte ***locutorios***, findet man überall in der Stadt. Sie werden vor allem von Lateinamerikanern und Einwanderern aus Afrika genutzt. Viele Hotels bieten ihren Gästen kostenlosen Internetzugang per WiFi an.

Barcelona im Internet:

Website der Stadt Barcelona:
www.barcelona.cat
Turisme de Barcelona:
www.barcelonaturisme.com
Turisme de Catalunya:
www.gencat.cat

Klima, Kleidung, Reisezeit

Barcelona ist für seine milden Temperaturen bekannt. Richtig kalt wird es meist nur kurzfristig um die Weihnachtszeit oder zwischen Januar und März. Unter null Grad sinken die Temperaturen nur selten und auch in den Wintermonaten wärmt die Mittagssonne, sodass man ein Straßencafé besuchen kann.

In den Monaten Juli und August kann es dagegen unerträglich heiß werden. Die Temperaturen steigen bei ermüdend hoher Luftfeuchtigkeit nicht selten über 30 Grad. Im Mai, vor allem aber im Oktober und November, ist mit heftigen Regenfällen zu rechnen.

Als beste Reisezeit empfehlen sich trotzdem die Monate Mai und Juni sowie September und Oktober, weil man dann mit angenehmen Temperaturen rechnen kann. Aber auch der milde

Winter eignet sich bestens und man trifft weniger Touristen an.

Den dicken Wintermantel kann man getrost zuhause lassen, aber auf elegante Kleidung am Abend wird in vielen Restaurants Wert gelegt. Weiße Socken zu Sandalen zu tragen sollte tabu sein, wenn man nicht als Gast aus Deutschland identifiziert werden möchte. Trotz nahem Strand sollte man sich für Stadtspaziergänge korrekt kleiden. Mit entblößtem Oberkörper ist es Männern sogar verboten, durchs Zentrum zu gehen. Barcelona leidet geradezu unter unpassend gekleideten Strandurlaubern in der Stadt.

Medizinische Versorgung

In Spanien ist die medizinische Versorgung für gesetzlich Versicherte über Ärztehäuser geregelt, denen man je nach Wohnort zugeordnet ist. Selbstverständlich wird man über die Agència de Salut Pública unter Vorlage der **europäischen Versicherungskarte** behandelt. Man findet eine Liste der Zentren unter www.aspb.cat. In schwerwiegenden Fällen sollte man besser die *urgencia*, die Notaufnahme eines Krankenhauses aufsuchen, weil man dort über entsprechende medizinische Geräte verfügt. Auch hier genügt die europäische Versicherungskarte. Man kann sich aber auch einen Arzt ins Hotel rufen lassen. Die Quittung der Behandlungskosten reicht man bei der deutschen Krankenkasse ein.

Der Abschluss einer **privaten Auslandskrankenversicherung** ist immer zu empfehlen. Diese Versicherungen sind bereits ab zehn Euro pro Person zu haben.

Notfälle, wichtige Rufnummern

Notruf ✆ 112
Rettungswagen ✆ 061
Polizei ✆ 092
Feuerwehr ✆ 080
ADAC-Notruf ✆ 93 508 28 28 und +49 89 22 22 22

Allgemeine Stadtauskunft ✆ 010
Telefonauskunft national ✆ 118 18
international ✆ 118 25
Gelbe Seiten ✆ 118 88
Zugauskunft Renfe ✆ 912 32 03 20
FGC ✆ 932 05 15 15
Flughafen ✆ 902 404 704
Iberia ✆ 902 40 05 00
Taxis ✆ 902 222 111

Vorwahl für Spanien ✆ +34
Vorwahl Deutschland: ✆ +49
Vorwahl Österreich ✆ +43
Vorwahl Schweiz ✆ +41

Post, Briefmarken

Geschäftszeiten der Postämter sind: Mo–Fr 8.30–14.30 (größere Postämter bis 20.30 Uhr), Sa 9.30–13 Uhr; die **Hauptpost** an der Plaça Antonio Lopez ➡ F6 hat geöffnet: Mo–Fr 8.30–21.30, Sa 8.30–14 Uhr. In den Sommermonaten bleiben die Postämter Sa geschlossen.

Briefmarken kauft man in den Tabaco-Läden, Postkarten und Briefe kosten nach Deutschland € 1,40.

Presse, TV

Die wichtigsten spanischen Tageszeitungen sind: *El País* und *El Mundo* und speziell für Katalonien *Lavanguardia* und *Avui*. Veranstaltungshinweise und Berichte zum Kulturleben der Stadt findet man in der *Guía del Ocio*, die es an jedem Kiosk gibt sowie in der Freitagsbeilage von *El Mundo*, dem Heft *Metropolis*.

Neben den staatlichen Fernsehkanälen TVE1 und TVE2 gibt es etwa 50 Kanäle, die man über das allgemeine digitale Fernsehen empfängt. Movistar+ ist vor allem für die Fußballübertragungen wichtig und der größte Anbieter für Internet- und Fernsehpackete.

Rauchen

In Spanien gilt eines der strengsten Rauchverbote in Europa. Weder auf Flughäfen, Bahnhöfen, in öffentlichen Gebäuden, auf Kinderspielplätzen noch in Bars, Diskotheken oder Restaurants darf geraucht werden. Bei Schulen oder Krankenhäusern ist ein Abstand von 50 Metern einzuhalten. In Terrassenbetrieben mit Windschutzwänden ist das Rauchen ebenfalls untersagt. Mit dieser Regelung ist der Verkauf von Heizstrahlern in die Höhe geschnellt. Nun frequentieren auch viele Spanier ganzjährig Lokale mit Terrasse. Anekdotencharakter besitzt eine Klage gegen ein Musical-Ensemble, weil auf der Bühne bei einer Aufführung von »Hair« geraucht wurde. Die Schauspieler dementierten, es habe sich nur um Kräuter gehandelt!

Sicherheit

Für ganz Barcelona gilt: Vorsicht vor Taschendieben! Wertsachen, Reiseschecks, Kredit- und EC-Karten, Pass und Flugschein sind am besten im Hotelsafe aufgehoben. Bargeld sollte man nur in kleineren Mengen mitnehmen. Auf keinen Fall verstaut man Wertsachen in Umhängetaschen, Gesäß- oder Brusttaschen.

Sightseeing, Touren

Icono serveis culturals
✆ 93 182 86 60
www.iconoserveis.com
Allgemeine Stadtführungen und zu bestimmten Themen, auch auf Deutsch. Nachtführungen ebenfalls.

Barcelona Bus Turístic ➡ D6
Ab Plaça de Catalunya
www.barcelonabusturistic.com
Tägl. ca. 9–19/20 Uhr, 1 Tag € 33, 2 Tage € 44, Kinder (4–12 Jahre) € 18 bzw. € 23
Audioguide in 16 Sprachen
Der oben offene Doppeldeckerbus der städtischen Verkehrsbetriebe ist in erster Linie für auswärtige Besucher gedacht, denn er verbindet auf der roten Nord- und der blauen Südroute die wichtigsten Sehenswürdigkeiten der Stadt. Außerdem gibt es eine grüne Route (nur 28. März–2. Nov.) zum Fòrum. Man kann an jeder der 44 Haltestellen beliebig ein- oder aussteigen. Mit der Fahrkarte erhält man zudem Ermäßigungen bei vielen Museen, beim Zoo, im Poble Espanyol und für die Fahrt mit den *golondrinas* (Hafenbarkassen).

Catalunya Bus Turístic ➡ D6
Abfahrtsort: Plaça de Catalunya
www.catalunyabusturistic.com
Mit Catalunya Bus Turístic kann man Ausflüge in die Umgebung Barcelonas unternehmen. Angeboten werden z. B. Touren nach Montserrat (ab ca. € 50) und »Dalí's Figueres & Girona« (ganztägig, Ticket online € 73,80)

Streetart im Szeneviertel El Born

Strom

Die Stromspannung beträgt hier 220 Volt Wechselstrom, so wie in Deutschland. Adapter sind nicht erforderlich.

Telefonieren

Innerhalb Spaniens gibt es **keine Vorwahlnummern** für Ferngespräche. Vom Ausland wählt man nur +34 und danach die komplette Telefonnummer. Die ehemaligen Provinzvorwahlen (Kennziffer für Barcelona: 93) sind Bestandteil der Teilnehmernummern. Bei Gesprächen ins Ausland muss die Kennzahl des Landes gewählt werden:

Deutschland +49
Österreich +43
Schweiz +41

Das **Handy** wählt sich jeweils ins stärkste der örtlichen Handynetze ein. Die Roaming-Gebühren sind in der EU seit Juni 2017 abgeschafft, sodass keine zusätzlichen Kosten anfallen.

In Hotels, Bars und Restaurants erhält man üblicherweise den Zugangscode für eine Internetverbindung. WiFi wird so ausgesprochen wie geschrieben. Und so telefoniert man kostenfrei, z. B. über WhatsApp.

Trinkgeld

In den Restaurants ist ein Trinkgeld von fünf bis zehn Prozent üblich, man lässt es auf dem Tel-

ler, den der Ober mit dem Wechselgeld bringt, liegen. Am Tresen gibt man weniger Trinkgeld, es wird nur aufgerundet. Dasselbe gilt für Taxifahrer und an Tankstellen. Für Kofferträger und Zimmerservice ist ca. € 1 pro Person üblich.

Verkehrsmittel, Parken

An Tages- bzw. Mehrtageskarten bieten sich zwei Alternativen an. Während die **Barcelona Card** (vgl. S. 28) zusätzlich viele Ermäßigungen für Museen, Sehenswürdigkeiten, Restaurantbesuche etc. enthält, gewährt die **Hola Barcelona Travel Card** nur die freie Nutzung der öffentlichen Verkehrsmittel. Die Fahrkarten gelten für eine beliebige Anzahl von Fahrten an 2, 3, 4 oder 5 aufeinanderfolgenden Tagen mit den öffentlichen Nahverkehrsmitteln im Großstadtgebiet Barcelona. Erhältlich sind sie in allen Metrostationen und – mit Rabatt – online (www.tmb.cat).

Metro/TMB

Barcelonas Metro (www.tmb.cat) besteht schon seit 1921. Heute bietet das Metronetz der katalanischen Hauptstadt neun verschiedene Linien plus Außennetz. Die Wagen verkehren zu folgenden Zeiten: Mo–Do und So 5–24, Fr/Sa 5–2 Uhr. Am Fahrkartenschalter oder an den Automaten erhalten Sie Einzelfahrscheine sowie preisgünstigere Zehnerkarten. Fahrstühle sorgen für barrierefreien Zugang.

FGC

Neben der Metro verfügt Barcelona über Nahverkehrslinien der Ferrocarrils de la Generalitat de Catalunya (www.fgc.net). Diese Schnellbahnen verbinden das Stadtzentrum mit der Oberstadt am Tibidabo und den Außenbezirken. Man unterscheidet zwei Linien mit verschiedenen Verästelungen:

Ab Plaça de Catalunya nach Av. Tibidabo, Reina Elisenda, Sabadell oder Terrassa, und ab Plaça d'Espanya nach Manresa oder

Über die Rambla de Mar gelangt man zum modernen Einkaufs- und Entertainment-Komplex Maremagnum

Die traditionsreiche Konditorei »Escribà«

Igualada über Montserrat. Zum Passeig de Gràcia fahren beide.

Bus

Barcelona besitzt ein ausgesprochen vielfältiges Busliniensystem. Nachfolgend eine Gebrauchsanweisung.

Tagesbus: Mehr als 70 Linien verkehren innerhalb der Stadt und zu den nahen Außenbezirken. Im Bus werden nur Einzelfahrscheine verkauft. Zehnerkarten müssen Sie vorab an den Metroschaltern erwerben. Der Preis für die Fahrscheine ist exakt derselbe wie für die Metro. Die Fahrscheine sind für Metro und Bus gültig. Busfahrpläne findet man an den Haltestellen und in der Metro. Die Stadtbusse stellen abends zwischen 20 und 22.30 Uhr ihren Dienst ein.

Nitbús: Nach 23 Uhr verkehren bis zum frühen Morgen acht Nachtbuslinien. Sie fahren alle ab und bis zur Plaça de Catalunya.

Aerobús: Der Flughafenbus fährt tägl. zwischen 5.30 und 1 Uhr in Abständen von fünf bis zehn Minuten ab Plaça de Catalunya (vgl. S. 77).

Taxi

Eine Taxifahrt ist in Barcelona erschwinglich. Die zahlreichen Taxis der Stadt erkennt man an der schwarzgelben Farbe. Ist das Taxi frei, dann leuchtet auf dem Dach eine grüne Lampe. Es ist üblich, auf dem Rücksitz Platz zu nehmen. Nur wenn mehr als drei Personen ein Taxi benutzen, kann auch der Vordersitz neben dem Fahrer besetzt werden. Zuschläge werden für das Gepäck und für die Fahrten ab dem Flughafen berechnet. Auf Wunsch stellt der Fahrer eine Quittung *(recibo)* aus.

Es ist üblich, die Taxis durch Handheben anzuhalten, man kann aber auch ein Taxi telefonisch bestellen: ✆ 93 225 00 00 oder ✆ 93 357 77 55, www.barnataxi.com oder über die App barna taxi. Preisgünstiger sind die Taxis von Uber und Cabify, die man über deren App bestellt.

Fahrrad

Im Stadtzentrum gibt es etwa 100 Fahrradmietstationen. Derzeit können sie aber nur genutzt werden, wenn man eine Adresse und ein Bankkonto in Spanien besitzt. Es gibt aber auch Stadtführungen per Fahrrad und eine Vielzahl privater Fahrradvermieter (vgl. S. 70). Die Leihgebühren betragen ca. 12 bis 15 Euro pro Tag. Touren kosten rund 20 Euro inklusive Fahrradleihgebühr.

Parken
Im Zentrum eine Parklücke zu finden ist schon ein Glücksfall. Gelbe Markierungen am Straßenrand bedeuten, hier darf nicht geparkt werden. Blaue Markierungen bedeuten, dass man von einem Automaten am Gehsteig einen Parkschein ziehen muss. Wer falsch parkt, wird rigoros abgeschleppt. Es empfiehlt sich also, das Auto am besten in einem **Parkhaus** abzustellen. Am Bahnhof Sants ➡ D3 und am Flughafen ➡ aE1 gibt es auf jeden Fall einen gebührenpflichtigen und bewachten Parkplatz. In der Innenstadt sind einige Parkhäuser ausgeschildert, aber oftmals ist es schwierig, dort einen Platz zu finden. Am besten bucht man mit dem Hotelzimmer gleich einen **Garagenplatz** mit, viele Hotels bieten diesen Service an.

Zeitzone

Das spanische Festland liegt in der mitteleuropäischen Zeitzone (MEZ). Mit Beginn der Sommerzeit werden die Uhren auch in Spanien Ende März eine Stunde vor und Ende Oktober wieder zurückgestellt.

Zoll

Da Spanien Mitglied der Europäischen Union ist, dürfen Alkohol und Tabak zum privaten Gebrauch zollfrei eingeführt werden. Als Richtwerte gelten dabei etwa 800 Zigaretten oder 400 Zigarillos, 200 Zigarren, 3 Kilo Tabak, 10 Liter Schnaps, 10 Liter alkoholhaltige Süßgetränke (Alkopops), 20 Liter Zwischenerzeugnisse (z. B. Campari, Portwein, Sherry). Nähere Infos unter www.zoll.de.

Für Schweizer gelten die folgenden Grenzwerte: 200 Zigaretten oder 100 Zigarillos oder 50 Zigarren oder 250 Gramm Tabak, 1 Liter Spirituosen oder 2 Liter Sherry bzw. ähnliche Getränke sowie 2 Liter Wein. ■

Eine Besteigung der Türme lohnt sich: Sagrada Família

Die wichtigsten Wörter für unterwegs

In Spanien wird Spanisch gesprochen, so steht es in der Verfassung. Die Amts- und Regierungssprache ist Kastilisch. Mit diesen Formulierungen retteten sich die Väter der demokratischen Verfassung nach der Franco-Diktatur aus dem Dilemma, dass in Spanien mehrere Sprachen, nicht etwa Dialekte, gesprochen werden.

Das Katalanische ist eine eigene romanische Sprache und heute die offizielle Landessprache des Bundeslandes, der Autonomía de Catalunya. In der nachfolgenden Liste wird erst das katalanische Wort und dann die kastilische Bezeichnung aufgeführt. Bemühen Sie sich um einige, wenn auch vielleicht gestammelte Worte in *catalán,* Sie werden so leicht viele Punkte bei Ihren Gastgebern gewinnen.

¡Bon dia!, eine Mischung aus dem französischen *bon jour* und dem spanischen *buenos días.* Diese Begrüßung wird in Katalonien bis zum Mittagessen, das zwischen 13 und 15 Uhr eingenommen wird, verwendet. Danach sagt man schon *bona tarda* bis zum Sonnenuntergang. Vorm Schlafengehen heisst es dann *bona nit.* Zu jeder Tageszeit können Sie *¿Hola, qué tal?* – Hallo, wie geht's? – verwenden. Geantwortet wird auf diese Frage mit einem einfachen *¡Bien! Y vostè/tu?* – Gut! Und Ihnen/Dir?

Die Spanier sind in der Regel sehr hilfsbereit, freuen sich über ausländische Besucher und fragen interessiert nach deren Herkunft, Familie und dem Grund des Besuches.

Keine Panik, wenn Sie befürchten, zwar eine Frage stellen zu können, die Antwort aber nicht zu verstehen: mit Körpersprache (wie z. B. mit einem Lächeln) kommt man fast immer weiter. Im Übrigen wissen Sie ja: *Sí* heißt ja, *no* nein. Und vergessen Sie nie das obligatorische bitte *si us plau (schisplau)* und sich zu bedanken – *gràcies! (grassje).*

Deutsch	Katalanisch	Kastilisch (Spanisch)
Allgemeines	paraules de cortesia	palabras de cortesia
bitte	*si us plau*	*por favor*
danke	*gràcies*	*gracias*
vielen Dank	*moltes gràcies*	*muchas gracias*
Verzeihung	*perdoni*	*disculpe/perdón*
Wie geht's?	*¿Com anem?*	*¿Como estás?*
Willkommen	*benvingut*	*bienvenido*
Hallo!	*¡Hola!*	*¡Hola!*
Guten Tag (vorm.)	*bon dia*	*buenos días*
Guten Tag (nachm.)	*bona tarda*	*buenas tardes*
Gute Nacht	*bona nit*	*buenas noches*
Tschüss/bis bald	*adéu*	*adiós/hasta luego*
Sprechen Sie deutsch?	*¿Parla vostè alemany?*	*¿Habla alemán?*
Ich heiße ...	*Em dic ...*	*Me llamo ...*
Wie heißt das?	*¿Com es diu això?*	*¿Como se llama esto?*
Ich verstehe nicht.	*No ho entenc.*	*No entiendo.*
Autoverleih	lloguer de cotxes	alquiler de coche
Auto	*cotxe*	*coche*
Ich möchte gern ein Auto mieten.	*Si us plau, voldria un cotxe.*	*Quisiera alquilar un coche.*

unbegrenzte Kilometer	*quilometratge*	*kilometraje*
ein Geländewagen	*un tot terreny*	*un todoterreno*
ein Motorrad	*una moto*	*una moto*
ein Fahrrad	*una bicicleta*	*una bicicleta*
Umleitung	*desviament*	*desvío*
Sackgasse	*carrer sense sortida*	*calle sin salida*
Parken verboten	*prohibit estacionar*	*prohibido aparcar*
Gefahr	*perill*	*peligro*

Zwischenfälle	incidències	incidencias
Unfall	*accident*	*accidente*
Polizei	*policia*	*policía*
Krankenwagen	*ambulància*	*ambulancia*
Können Sie mir helfen?	*¿Em pot ajudar?*	*¿Me podría ayudar?*
Mir wurde das Auto aufgebrochen.	*M'han obert el cotxe.*	*Me han abierto el coche.*
Mir wurde der Geldbeutel gestohlen.	*M'han pres el moneder.*	*Me han quitado el monedero.*
Mir wurde der Ausweis gestohlen.	*M'han pres la documentacció.*	*Me han quitado la documentación.*
Geben Sie mir bitte Ihren Namen.	*Si us plau, doni'm el seu nom.*	*Por favor, deme su nombre.*
Ihre Versicherungskarte	*la seva assegurança*	*su seguro*
Ihren Führerschein	*el seu permis de conduir*	*su permiso de conducir*
Ihre Ausweispapiere	*la seva documentació*	*su documentación*

Parken, Parkplatz	aparcament	aparcamiento
Darf man hier parken?	*¿Es pot aparcar aquí?*	*¿Se puede aparcar aquí?*
nach rechts	*a la dreta*	*a la derecha*
nach links	*a l'esquerra*	*a la izquierda*
vor dem Gebäude	*davant de l'edifici*	*delante del edificio*
hinter der Kreuzung	*passat el carrer*	*passada a calle*

Tankstelle	benzinera	gasolinera
Bitte voll tanken.	*Si us plau, voldria el dipòsit ple.*	*Por favor, quisiera el deposito lleno.*
Benzin (bleifreies)	*benzina (sense plom)*	*gasolina (sin plomo)*
Diesel	*gasoil*	*diesel/gasoil*
Ölwechsel	*canvi d'oli*	*cambio de aceite*
Reifen aufpumpen	*inflar les rodes*	*inflar las ruedas*
Reifen	*pneumàtic*	*neumático*
Autowerkstatt	*taller de cotxes*	*taller de coches*

Hotel, Pension	hotel, pensió	hotel, pensión
Ich suche ein Zimmer.	*Busco una habitació.*	*Busco una habitación.*
Wieviel kostet das Zimmer pro Nacht?	*¿Quant val l'habitació per nit?*	*¿Cuánto cuesta la habitación por noche?*
Kann ich das Zimmer sehen?	*¿Puc veure l'habitació?*	*¿Podría ver la habitación?*
Hochsaison	*temporada alta*	*temporada alta*
Zwischensaison	*temporada mitja*	*temporada media*
Nebensaison	*temporada baixa*	*temporada baja*
komplettes Bad	*bany complet*	*baño completo*
mit Dusche	*amb dutxa*	*con ducha*
mit Balkon	*amb balcó*	*con balcón*
mit Meerblick	*amb vista al mar*	*con vista al mar*
Safe	*caixa forta*	*caja fuerte*
Zimmertelefon	*telèfon a l'habitació*	*teléfono en la habita*

Klimaanlage	*aire condicionat*	*aire acondicionado*
Heizung	*calefacció*	*calefacción*
Parkplatz	*aparcament*	*aparcamiento*
Schwimmbad	*piscina*	*piscina*
Halbpension	*mitja pensió*	*media pensión*
Vollpension	*pensió completa*	*pensión completa*
Herberge	*alberg*	*albergue*

Telefon, Internet	Telèfon, Internet	Teléfono, Internet
Vorwahl	*prefix*	*prefijo*
SMS	*SMS*	*mensaje*
App	*aplicació*	*aplicación*
SIM-Karte	*targeta SIM*	*tarjeta SIM*
Haben Sie WLAN?	*¿Tens wifi?*	*¿Tiene wifi?*
Ich habe kein Signal.	*No tinc cobertura.*	*No tengo cobertura.*
WLAN-Passwort	*contrasenya de wifi*	*clave wifi*
herunterladen	*descarregar*	*bajar algo*
sich verbinden mit	*connectar-se amb*	*conectarse a*
At-Zeichen (@)	*arrova*	*arroba*

Tourismus	turisme	turismo
Tourist Information	*oficina de turisme*	*oficina de turismo*
Stadtzentrum	*centre ciutat/centre*	*centro de la ciudad/*
Altstadt	*casc antic/barri vell*	*casco antiguo*
Stadtplan	*mapa de la ciutat*	*plano de la ciudad*
Platz	*plaça*	*plaza*
Straße	*carrer*	*calle*
Stadtviertel	*barri*	*barrio*
Rathaus	*ajuntament*	*ayuntamiento*
Kirche	*església*	*iglesia*
Kloster	*monestir*	*monasterio*
Kreuzgang	*claustre*	*claustro*
Kastell	*castell*	*castillo*
Palast	*palau*	*palacio*
Turm	*torre*	*torre*
Gärten	*jardins*	*jardines*
Brücke	*pont*	*puente*
Hafen	*port*	*puerto*
Strand	*platja*	*playa*
Bucht	*badia*	*bahía*
kleine Bucht	*cala*	*cala*
Kap	*cap*	*cabo*
Landspitze	*punta*	*punta*
Aussichtspunkt	*mirador*	*mirador*
Fluss	*riu*	*río*
Insel	*illa*	*isla*
Gebirge	*serra*	*sierra*
Berg	*muntanya*	*montaña*
Pyrenäen	*Pirineu*	*Pirineos*
Tal	*vall*	*valle*
See	*estany, llac*	*lago*
Stausee	*pantà*	*pantano*
Dolmen	*dolmen*	*dolmen*
Naturpark	*Parc Natural*	*Parque Natural*
Heiligtum	*santuari*	*santuario*
Einsiedelei	*ermita*	*ermita*

vorgeschichtliche Höhlenmalereien	*pintures rupestres*	*pinturas rupestres*
Museum	**museu**	**museo**
Werktage	*feiners*	*días laborables*
Öffnungszeiten	*horari*	*horario*
offen	*obert*	*abierto*
geschlossen	*tancat*	*cerrado*
Preis	*preu*	*precio*
geführter Besuch	*visita guiada*	*visita guíada*
Stiftung	*fundació*	*fundación*
Ausstellung	*exposició*	*exposición*
Einkaufen	**comprar**	**comprar**
Was kostet?	*¿Quant val?*	*¿Cuánto vale?*
Wieviel kostet das?	*¿Quant val això?*	*¿Cuánto cuesta esto?*
Wo ist die Kasse?	*¿On és la caixa?*	*¿Donde está la caja?*
Etwas weniger/mehr bitte.	*Una mica menys/més, si us plau.*	*Un poco menos/més, por favor.*
Könnten Sie mir bitte zeigen…?	*¿Si us plau, em podria mostra*	*¿Por favor, me podría mostrar*
Kann ich mit Kreditkarte zahlen?	*¿Puc pagar amb la targeta de crèdit?*	*¿Puedo pagar con la tarjeta de crédito?*
Wollen Sie eine größere/kleinere Größe?	*Voldria una talla més gran/petita?*	*¿Quisiera una talla más grande/pequeña?*
Das ist zu teuer.	*És massa car.*	*Es demasiado caro.*
Farbe	*color*	*color*
Größe	*talla*	*talla*
Ausverkauf	*liquidació*	*liquidación*
Obst	*fruita*	*fruta*
Kilo	*quilo*	*kilo*
Gramm	*grams*	*gramos*
Bank	*banc*	*banco*
Geldautomat	*caixer automàtic*	*cajero automático*
Geschäfte	**botigues**	**tiendas**
Bäckerei	*el forn*	*la panadería*
Konditorei	*la pastisseria*	*la confitería/la pastelería*
Fischgeschäft	*la peixateria*	*la pescadería*
Obstgeschäft	*la fruiteria*	*la frutería*
Fleischerei/Metzgerei	*la cansaladeria/ la tienda de xarcuteria*	*embutidos/carnicería*
Shoppingzentrum	*centre comercial*	*centro comercial*
Post	*correu*	*correos*
Markt	*mercat*	*mercado*
Buchhandlung	*llibreteria*	*librería*
deutsche Zeitungen	*diaris alemanys*	*periódicos alemanes*
Restaurant, Café	**el restaurant, cafeteria**	**el restaurant, cafeteria**
Speiseraum	*menjador*	*comedor*
Könnten Sie bitte einen Tisch für zwei Personen reservieren?	*¿Si us plau, voldria reservar una taula per a dues persones?*	*¿Por favor, quisiera reservar una mesa para dos personas?*
Die Speisekarte, bitte.	*La carta, si us plau.*	*La carta, por favor.*
Ich möchte bezahlen.	*El compte, si us plau.*	*Quería pagar, por favor.*
Es hat uns gut geschmeckt.	*Ens ha agradat molt.*	*Nos ha gustado mucho.*
Wir wollen getrennt zahlen.	*Voldríem pagar per separat.*	*Quisiéramos pagar por separado.*

Mineralwasser mit/ohne Kohlensäure	*aigua mineral amb/sense gas*	*agua mineral con/sin gas*
ein Glas/eine Flasche Wein	*un got/una ampolla de vi*	*un vaso/una botella de vino*
Rotwein	*vi negre*	*vino tinto*
Roséwein	*vi rosat*	*rosado/clarete*
Weißwein	*vi blanc*	*vino blanco*
Bier	*cervesa*	*cerveza*
Sekt	*cava*	*cava*
Orangensaft	*suc de taronja*	*zumo de naranja*
Kaffee	*cafè*	*café*
Milchkaffee	*cafè amb llet*	*café con leche*
Milch	*llet*	*leche*
Zucker	*sucre*	*azúcar*
Salz	*sal*	*sal*
Pfeffer	pebre	pimienta
Appetithäppchen	tapa	tapa
Tellergerichte	plats combinats	platos combinados
Tagesmenü	*menú del dia*	*menú del día*
Brot	*pa*	*pan*
Eier	*ous*	*huevos*
Salat	*amanida*	*ensalada*
Fleisch	*carn*	*carne*
Fisch	*peix*	*pescado*
Meeresfrüchte	*marisc*	*marisco*
Gemüse	*verdures*	*verduras*
Eis	*gelat*	*helado*

Öffentliche Verkehrsmittel	**transport públic el vaixell**	**transporte público el barco**
Zug	*el tren*	*el tren*
Bahnhof	*l´estació de trens*	*la estación de trenes*
U-Bahnhof	*l'estació de metro*	*l'estación del metro*
Busbahnhof	*l'estació d'autobusos*	*la estación de autobuses*
Bushaltestelle	*la parada de l´autobús*	*la parada del autobús*
Flughafen	l´aeroport	el aeropuerto
Flugzeug	*l´avió*	*el avión*
Hafen	*el port*	*el puerto*
Schiff	*el vaixell*	*el barco*
Ticket	bitllet	billete
Ankunft	*arribada*	*llegada*
Abfahrt	*sortida*	*salida*

Entfernungen	**distàncies**	**distancias**
Wo ist…?	*¿On és…?*	*¿Dónde está…?*
Ist es sehr weit?	*¿Està molt lluny?*	*¿Está muy lejos?*
Ist es ganz nah?	*¿Està molt a prop?*	*¿Está muy cerca?*
Kann man zu Fuss gehen?	*¿Es pot anar a peu?*	*¿Se puede ir a pié?*

Zahlen	**números**	**números**
1	*u*	*uno*
2	*dos*	*dos*
3	*tres*	*tres*
4	*quatre*	*cuatro*
5	*cinc*	*cinco*
6	*sis*	*seis*
7	*set*	*siete*
8	*vuit*	*ocho*

9	*nou*	*nueve*
10	*deu*	*diez*
11	*onze*	*once*
12	*dotze*	*doce*
13	*tretze*	*trece*
14	*catorze*	*catorce*
15	*quinze*	*quince*
16	*setze*	*dieciséis*
17	*disset*	*diecisiete*
18	*divuit*	*dieciocho*
19	*dinou*	*diecinueve*
20	*vint*	*veinte*
30	*trenta*	*treinta*
50	*cinquanta*	*cincuenta*
100	*cent*	*cien*
200	*doscents*	*doscientos*

Datum, Uhrzeit	dates i hora	fechas y hora
Gestern	*ahir*	*ayer*
Heute	*avui*	*hoy*
Morgen	*demà*	*mañana*
Übermorgen	*demà passat*	*mañana*
Vorgestern	*abans de ahir*	*anteayer*
nächste Woche	*la setmana vinent*	*la próxima semana*
der Morgen	*el matí*	*la mañana*
morgens	*matí*	*por la mañana*
nachmittags/abends	*a la tarda*	*por la tarde*
Wie spät ist es?	*¿Quina hora és?*	*¿Qué hora es?*
Kommen Sie später!	*¡Vingui més tard!*	*¡Venga más tarde!*
Kommen Sie früher!	*¡Vingui més aviat!*	*¡Venga más pronto!*
Montag	*dilluns*	*lunes*
Dienstag	*dimarts*	*martes*
Mittwoch	*dimecres*	*miércoles*
Donnerstag	*dijous*	*jueves*
Freitag	*divendres*	*viernes*
Samstag	*dissabte*	*sábado*
Sonntag	*diumenge*	*domingo*

Jahr	any	año
Januar	*gener*	*enero*
Februar	*febrer*	*febrero*
März	*març*	*marzo*
April	*abril*	*abril*
Mai	*maig*	*mayo*
Juni	*juny*	*junio*
Juli	*juliol*	*julio*
August	*agost*	*agosto*
September	*setembre*	*septiembre*
Oktober	*octubre*	*octubre*
November	*novembre*	*noviembre*
Dezember	*dessembre*	*diciembre*

Feiertage	festius	festivos
Heiligabend	*cap d´any*	*nochevieja*
Silvester	*nadal*	*navidad/nochebuena*
Ostern	*pasqua*	*pascua*
Dorf/Stadtfest	*festa major*	*fiesta mayor* ■

Die **fetten** Seitenzahlen verweisen auf ausführliche Erwähnungen, *kursiv* gesetzte Begriffe bzw. Seitenzahlen beziehen sich auf den Service.

2015 Mandarin Oriental Hotel Group: S. 48
Bodo Bondzio, Köln: S. 86
Fotolia/AndreasJ: S. 25; Anton Gvozdikov: S. 70; boule1301: S.2o. Mitte, 2 o. r., 20, 46, 60; ekaterina_belova: S. 22; JackF: S. 3 u., 10, 12, 37, 49, 67, 80, 87; Joanarno: S. 26; Marta: S. 21; MasterLu: S. 47; Mikhail Zahranichny: S. 71 u.; miunicaneurona: S. 57; nito: S. 69; philipus: S. 85; photosurmely: S.84; rostyle: S. 16; Sergii Figurnyi: S.44/45; Tupungato: S. 50; Valerie Potapova: S. 2 o. l., 4/5
iStockphoto/101cats: S. 61; David Kerkhoff: S. 3 o. Mitte, 38; Dirk Baltrusch: S. 82; EHStock: S.8u.; FotoVoyager: S. 7, 75 o., 75 u.; franckreporter: Schmutztitel (S. 1); JackF: S. 36; kcconsulting: S. 65; Lillisphotography: S.63; Maisna: S. 59; Matthew Dixon: S. 6 o. r.; Nikada: S. 3 o. r., 11, 15, 58, 77; peresanz: S. 42; ruv86: S. 17; titoslack: S. 40; Vladimir Khirman: S. 39; vofpalabra: S. 66; Xavier Arnau: S. 3 o. l., 32
Jürgen Richter/Look, München: S. 19, 79
Monica Gumm/White Star, Hamburg: S.24 u.
Preben S. Kristensen/laif, Köln: S. 55
Shutterstock/gary718: S. 34; Georgiy Martynov: S. 23; joan_bautista: S. 33 o.; JuanSalvador: S. 54; pio3: S. 30; RodrigoGarrido: S. 62
Turisme de Barcelona/J. Trullàs: S. 6 o. l.
VISTA POINT Verlag (Archiv), Rheinbreitbach: S. 6 u. r., 8 o., 13, 18, 24 o., 27 o., 29, 33 u., 43, 53, 72 o., 72 u., 73, 74, 76
Volker Bannert, Frankfurt/M.: S. 31, 41
Wikipedia (PD-self)/Mutari: S. 6 u. l., 71 o.; Ricard Canals i Llambí-Photo (C) RMN-Grand Palais: S. 35

Schmutztitel (S. 1): Detail der Casa Batlló am Passeig de Gràcia
Seite 2/3 (v. l. n. r.): Parc Güell, Sonnenaufgang am Strand von Barceloneta, Font Màgica de Montjuïc, Museu Nacional d'Art de Catalunya, Sagrada Família, Beach Club, Port Vell (S. 3 u.)
Seite 6/7: Les Rambles (S. 6 o. l.), La Boqueria, (S. 6 u. l.), Casa Milà (S. 6 o. r.), »Christus und die 12 Apostel« im Museu Nacional d'Art de Catalunya (S. 6 u. r.), Drachenbrunnen im Parc Güell (S. 7)

Reihenkonzeption: Andreas Schulz & VISTA POINT-Team
Bildredaktion: Andrea Herfurth-Schindler
Lektorat: JB Bild | Text | Satz, Berlin
Layout und Herstellung: Sandra Penno-Vesper, Potsdam
Reproduktionen: Henning Rohm, Köln
Kartographie: Berndtson & Berndtson Productions GmbH, Fürstenfeldbruck und Huber Kartographie GmbH
Gesamtherstellung: VISTA POINT Verlag GmbH, Rheinbreitbach

ISBN 978-3-96141-760-5

An unsere Leserinnen und Leser!
Die Informationen dieses Buches wurden gewissenhaft recherchiert und von der Verlagsredaktion sorgfältig überprüft. Nichtsdestoweniger sind inhaltliche Fehler nicht immer zu vermeiden. Für diese übernimmt der Verlag keine Haftung. Für Ihre Korrekturen und Ergänzungsvorschläge sind wir dankbar.

VISTA POINT Verlag
Rolandsecker Weg 30 · 53619 Rheinbreitbach
Telefon: +49 (0)2224/7795-0 · Fax: +49 (0)2224/7795-100
info@vistapoint.de · www.vistapoint.de · www.facebook.de/vistapoint

Xarxa de Metro

Re

Codi Código *Key*

- **Estació de ferrocarril** Estación de ferrocarril *Railway station*
- **Tren d'alta velocitat** Tren de alta velocidad *High-speed train*
- **Estació d'autobusos** Estación de autobuses *Bus station*
- **Estació marítima** Estación marítima *Ferry terminal*
- **Aeroport** Aeropuerto *Airport*
- **Tramvia Blau (Fora de servei)** Tramvia Blau (Fuera de servicio) *Tramvia Blau (Out of service)*
- **Funicular** Funicular *Funicular railway*
- **Telefèric** Teleférico *Cable car*
- **Punt TMB Oficina d'atenció** Punt TMB Oficina de atención *Punt TMB Customer service office*
- **Estació** Estación *Station*
- **Estació terminal** Estación terminal *Terminus station*
- **Estació de correspondència** Estación de correspondencia *Connecting station*

Xarx Red *Metr*

L1 Clot Espa Plaça Urqu

L4 Ciuta Urqu Verda